RECHERCHE
CURIEUSE
D'ANTIQUITÉS,

Venuës d'Italie, de la Grece, d'Egypte, & trouvées à Nimegue, a Santen, au Château de Wiltenburg proche d'Utrecht, dans le Château de Britten proche de Leyde, & a Tongres.

CONTENANT.

Plufieurs Bas-reliefs, Statues de marbre & de Bronze;

Infcriptions Antiques, Couloirs, Talifmans, Lampes, Cuillers, Cuilliers Lachry-males, Phioles Lachrymales, Urnes, Stiles pour écrire, Bracelets, Romaines, Bagues, Cachets, Couteau appellée *Secefpita*, Phiole appellée *Guttus*, Medailles antiques & modernes, Poids des Indes, Figures Chinoifes, en un très grand nombre d'Animaux & de Mineraux, drogs curieus quatre Volumes de Plantes des Indes, d'Oeufs de plus de cent fortes d'Animaux, & autres curiofites de differentes efpeces, que l'on voit dans la Chambre de Raretez de la Ville d'Utrecht fur le nouveau Canal dans *l'Amonitie-huys*, proche de l'Ecole Latine, avec fa Defcription:

Le tout mis en ordre par *Nicolas Chevalier* fuivant l'Octroi que lui en ont fait nos Seigneurs les Etats de la Province d'Utrecht & le venérable Magiftrat de cette Ville.

ENRICHIE D'UN GRAND NOMBRE
De Figure en Taille douce.

Par NICOLAS CHEVALIER.

A UTRECH T,

Chès NICOLAS CHEVALIER, Marchand Libraire & Medaillifte, où l'on trouve tontes fortes de Medailles modernes à vendre. Anno 1712.

A

SON EXCELLENCE
JEAN GOMES DA SILUA,
COMTE DE TAROUCA

SEIGNEUR DES VILLES DE TAROUCA, DE LALIM, DE LAZA-
RIM, DE PENALVA, DE GULFAR, ET DE LEURS DEPEN-
DANCES, &c. COMMANDEUR DE VILLA COVA, DU
CONSEIL DE SA MAJESTE' LE ROI DE PORTUGAL,
MESTRE DE CAMP GENERAL DE SES ARME'ES
ET SON MINISTRE PLENIPOTENTIAIRE
AU CONGRE'S DE PAIX A UTRECHT.

MONSEIGNEUR,

JE prens ici la liberté de prefenter à Vôtre Excellence mes Recherches d'Antiquitez, enrichies de figures, & accompagnées du
Catalogue des pieces contenues dans ma Galerie d'Antiquitez. Cet
ouvrage n'eft pas encore dans toute fa perfection ; j'ai deffein d'y
joindre un fecond volume ; Mais comme cela demande bien du tems & de la dé-

pence

pence je n'ai pas cru devoir attendre davantage à prefenter à VOTRE EXCELLENCE cette premiere partie.

Le favorable accueil, MONSEIGNEUR, dont il vous a plu m'honorer, femble m'avoir ouvert le chemin auprès de VOTRE EXCELLENCE pour lui prefenter ce petit ouvrage; & ce qui m'y a encore le plus enhardi, c'eft la connoiffance que j'ai avec le Public du plaifir & du goût que VOTRE EXCELLENCE trouve dans la Litterature & dans les beaux arts. C'eft une efpece de fucceffion & d'heritage, MONSEIGNEUR dans vôtre Illuftre Maifon, dont vous foûtenez fi dignement l'éclat en toutes manieres, puifqu'au manîment délicat & difficile des Negociations publiques vous joignez des Lumieres vives qui fe répandent fur l'étude des fciences qui peuvent avoir le plus de rapport avec une Naiffance auffi Illuftre qu'eft la vôtre. Je fuis avec un très profond refpect,

MONSEIGNEUR,

DE VOTRE EXCELLENCE,

Le très humble, & très obeiffant ferviteur,

NICOLAS CHEVALIER.

PREFACE.

Ous ne voyons guere de perfonnes, qui n'aient des in-
clinations particulieres pour quelque fcience. Les uns s'a
donnant aux inftrumens, les autres a la mufique, & ainfi des autres fciences. Il eft certrin que la connoiffance
de ces fciences & des arts, a été, prefque de tout tems
l'objet de la curiofité des plus beaux Efprits. Il ne s'eft
auffi guere paffé de fiecles, que les fauans n'aient fait un
ramas de Medailles Antiques & Modernes, & d'antiquites, & d'autres curiofites, & qu'ils n'ayent cherché auffi
les Productions de la nature, faifant de ces recherches leurs occupations & leur
delices les plus cheres. Auffi faut il avouër que ces occupations & particuliere-
ment celle des Medailles, ont quelque chofe de bien plus noble, que celles des
autres fiences. Pas les Medailles, outre la vie les mœurs, & les actions des plus
grands hommes, dont elles nous font un portrait beaucoup plus vifes plus naturel
que celui qui l'Hiftoire nous en peut donner, elles nous decouvrent encore plufieurs circonftances, que l'Hiftoire ne fauroit mettre ou jour, ou du moins faire voir a fond. On ne connoit jamais, bien les chofes par la Defcription
qu'on en fait, que par une image fenfible laquelle étant expofée à nos yeux,
nous donne le moyen de confiderer ces mêmes chofes telles qu'elles font au naturel, & c'eft l'avantage que les Medailles, ont par deffus l'Hiftoire, quoique
l'Hiftoire en foit le corps, par ce que les Medailles font les preuves de toutes
les Hiftoire. Il eft vrai que l'Hiftoire nous eft utile pour fervir de commentai-
re, pour expliquer le fens des Medailles & des Infcription myfterieufes qui fe
mettent fur les Medailles, ce qui oblige la plufpart des curieux a joindre à leur
Cabinet une Biblioteque.

Ne voyons nous pas, par ce qui regarde les productions de la nature que l'ont
ne peut nier que toutes les Defcriptions que l'ont enfait tent fidelles quelles foient
ne nous en donnent jamais une fi par faite connoiffance, que la vûe, & l'exa-
men qu'on en fait foi même, un object qui frape les fens fait une bien plus forte impreffion fur les Efprits que la fimple lecteure. On void dans ce même object prefque d'un coup d'œil, tout ce qui ne peut être renfermé que dans des
volumes entiers; & cette vue donne des Idées beaucoup plus fenfibles qu'un difcours étendu, qui le plus fouvent pour être d'un ftilé, ou trop diffus ou trop
languiffant, ne fait qu'une peinture imparfaite des chofes, & n'en laiffe, apres
tout, dans l'Efprit du Lecteur, qu'une image ou fort confufe, on fort lege-
re cela joint, a mon inclination & à m'a paffion dominante m'a obligé de faire
une recherche d'Antiquites & de tout ce que produit la nature, fans epargnier
ni m'a penne ni mes foins pour la perfection du deffin que je me fuis propofé
pour l'établiffement de la Chambre de raretéz, que je viens d'établir efperant
avec le tems de la rendre plus curieufe afin de fatisfaire les curieux qui viennent
la vifiter.

Avant que de finir ce difcours je crois qu'il eft a propos de faire une petite
differtation fur une Medaille frappée au fujet de l'établiffement de cette Chambre.

D'un côté de la Medaille, on voit un Saturne, ou le temps, qui detruit des
monumens Antique des Statues & des Infcriptions avec fa faux Autour on lit
cette Infcription.

CUNCTA MIHI CEDUNT,

qui veut dire

Tout cede pour moy

dans

dans l'Exergue

ERIGENTE ET DIRIGENTE NICOLAO CHEVALIERO;

qui veut dire

Erigeé & dirigée par Nicolas Chevalier.

R E V E R S.

VOus voyes un Curieux qui creuse dans des Ruines avec une bêche, & qui y trouve des Statues des Inscriptions , des urnes remplies de Medailles ; que la diligence recoit qu'elle donne ensuite agarder a la Minerve d'Utrecht la quelle nous fait entendre nos Seigneurs les Etats & le venerable Magistrat, par l'empressement quils ont d'orner leurs ville, dans toutes les occasions qui s'en presentent , comme ils viennent de le faire paroites par la permission de l'établissement de cette Chambre , & en ne cherchent que le bien & l'avancement de leurs sitoiens, ce qui nous est fort bien representé pas les urnes d'abondances qui est ou dessous de leurs armes , les quelles répandent avec influence toutes sortes de fuits.   Au tour on lit cette autre Inscription

D I L I G E N T I A   V I C T R I X   T E M P O R I S

qui veut dire

La diligence victorieuse du tems.

dans l'Exergue

E X   A U C T: O R D D: E T   C I V   T R A I I. K A L   M A I   C I Ɔ I Ɔ C C V I I.

qui veut dire.

*Par l'ordre des Etats & du venerable Magistrats d'Utrecht
le premier de May* **1708.**

D E-

DESCRIPTION
de la Chambre de Raretez
D E L A
VILLE D'UTRECHT.

Ette Chambre est un vaisseau demi ovale, long de vingt-quatre pas, & large de seize. La face, où sont les fenêtres, qui donnent sur le Canal, est exposée au Nord, & l'autre face au Sud. Le bout, qui est ovale, est à l'Orient, & l'autre à l'Occident. Elle a trois grandes croisées.

Vous trouvez sur la porte de la Chambre, avant que d'entrer, ces mots Latins, OCULIS SIT LICENTIA, PAX MANIBUS, qui font comprendre que les yeux ont toute permission, mais qu'il faut du repos pour les mains.

En entrant par la porte, qui est placée environ au milieu de la cloison, opposée à trois Alcoves, vous avez à main gauche une petite Bibliotheque, laquelle consiste en neuf planches, qui contiennent tous Livres choisis, sur-tout les Ouvrages des celebres Auteurs, anciens & modernes, qui ont traité des Medailles antiques & modernes, des Metaux, & d'autres matieres curieuses, & des Manuscrits. De la Bibliotheque vous venez à une des croisées, qui est ornée sur les deux côtez de Barometres, de Thermometres, de Medailles, & de plusieurs petites Galanteries de verre, comme de Microscopes, d'un Globe ardent, d'un Instrument Mechanique & Physique pour montrer la difference de la pesanteur des liqueurs, de Metaux, & plusieurs autres de differentes sortes.

Dans une Caisse vitrée posée devant cette fenêtre vous voyez plusieurs Manuscrits Chinois & Japonois, écrits sur des écorces d'arbre; la mesure de la vraye Croix venuë de Jerusalem; un Calendrier Arabe, écrit sur du parchemin, de dix pieds de long, & très rare; un autre, qui est un des premiers Almanachs qui s'est fait depuis que les Bataves sont devenus Chrétiens du temps de Willebrod; un autre contenant un Rouleau de quelques prieres Turques, & plusieurs Rouleaux & Livres de figures Chinoises; une Fleche antique, que l'on peut voir dans la planche 35. figure 22; & plusieurs autres Curiositez, que l'on pourra trouver dans le Catalogue de ce que contient la Chambre. Entre cette fenêtre & l'autre on void plusieurs armes Indiennes propres pour les expeditions de terre, avec d'autres Instrumens servans à un canot du detroit Davis, & plusieurs armes à feu, & massuës, comme on verra dans la planche 18. figure 89. Sur l'autre croisée au milieu pend la figure du Tombeau de Mahomet, soûtenu par une pierre d'Aimant, comme on nous l'a voulu faire accroire, avec des Lampes. Sur les deux côtez il y a quatre colonnes de Medailles, des Tableaux de paille, d'autres écrits à la main, des Papiers coupez, des Peintures de miniature, & à l'huile, de très bons Maîtres. Entre l'autre croisée vous trouvez un Pupitre, qui est attaché au mur. Au dessus

il y a six planches, sur lesquelles on a placé plusieurs figures, (comme on le pourra voir dans la planche 28. figure 155. 158. & 160.) des Pierres avec des Inscriptions, (comme on verra dans la planche 6. fig. 1. planche 7. fig. 8. planche 8. & toutes les figures, qui font dessus, planche 12. fig. 45. & 47.) des Urnes, des Lampes curieuses, & d'autres choses de cette nature.

De là vous venez à la derniere croisée, où l'on void sur chaque côté deux colonnes de Medailles & de Tableaux. Entre cette croisée & le premier Alcove vous voyez un petit Cabinet vitré, attaché au mur, dans lequel on void six belles Pyramides d'yvoire, d'un travail fort delicat, & autres ouvrages de cette nature; deux Oeufs, qui sont ferrez chacun de deux fers de cheval. Sur le Cabinet se voyent plusieurs figures. Au dessous pendent trois Miroirs des Indes, comme ils sont gravez dans la planche 34. figure 193. 194. & 195. avec des caracteres; & plus bas il y a deux figures, posées chacune sur un piedestal. La premiere est un Sphinx. Les Egyptiens l'ont dépeint comme un Monstre, moitié femme, & moitié lion, ou oiseau, (comme celui-ci nous est réprésenté) qui habitoit dans les deserts & dans les rochers; ces peuples poussoient si loin leur superstition, qu'ils prétendoient que cet Sphinx arrêtoit tous les passans pour leur proposer des énigmes, (tel que celui-ci, Quel animal c'étoit, qui marchoit à quatre pieds au matin, à deux à midi, & à trois au soir, entendant par-là l'homme en ses trois âges) & qui mettoit en pieces ceux qui ne pouvoient deviner son énigme. Quelques uns plus spirituels ont dit, que par cet Sphinx, partie femme, & partie oiseau, les Egyptiens designoient l'ame de l'homme, à laquelle ils donnoient une face humaine, parce que Dieu a fait l'homme, & qui ne peut être mieux comparé qu'au feu toûjours agissant, comme on lui void sur la tête une flamme.

La seconde figure est la Deesse Isis, qui nous est réprésentée allaitant son fils Horus, ou le jeune Harpocrate, à cause de ses grandes oreilles. Cette Deesse étoit en si grande veneration parmi les Egyptiens, qu'elle passoit pour la mere de toutes les choses sublunaires, qu'elle contenoit en soi les principes de toutes les generations, & fournissoit les alimens aux êtres créez. Elle étoit depeinte pour cette raison avec plusieurs mammelles, telle que nous l'avons, & que nous vous la donnerons dans son ordre & place.

Ensuite vous venez au premier Alcove du Cabinet. Sur vôtre gauche vous trouvez la figure du Dieu Osiris, sur un piedestal. Il étoit un des principaux Dieux de l'Egypte. L'on prétend que c'est le même qu'Apis, ou Serapis, qui a fait beaucoup de bien aux Egyptiens. Il s'en trouve très grand nombre de terre cuite, telle qu'est celle-ci. Ils font fort communs,

B

&

& on les trouve d'ordinaire dans les corps des Mumies, qu'ils remplissoient de leurs Idoles, pour les préserver des insultes des Demons, & de la corruption. Les Hieroglyphiques, qui y sont d'ordinaire réprésentez dessus, contiennent des éloges, qu'ils donnoient à ce Dieu, & qu'ils lui addressoient. Ils portoient d'ordinaire des fouëts dans les mains, pour signifier, qu'Osiris étoit le Soleil, auquel on donne des fouëts pour conduire ses chevaux. A l'autre côté se void la figure d'une Vestale, avec son pot, où elle gardoit le feu, qui étoit consacré; si elle avoit le malheur de le laisser éteindre, on la faisoit mourir. Au milieu vous avez un Cabinet, sur lequel on doit faire peindre, quand il est fermé, les sciences & les arts qui s'occupent à la fabrique des Medailles & des autres monumens, sur lesquels on grave les actions des hommes illustres, pour en conserver la memoire. Cela nous est réprésenté en forme d'une Medaille, autour delaquelle on lit ces paroles,

SINGULARIS IN SINGULIS,
IN OMNIBUS UNICUS,

Ce qui signifie en François, *Seul dans chaque chose, & unique en tout.* Sur le piedestal on lit cette autre Inscription,

REPOSITORIUM NUMISMATUM
AC INSTRUMENTORUM AD EA
SIGNANDA PERTINENTIUM,

Ce qui signifie en François, *Cabinet qui renferme des Medailles & les instrumens dont on se sert pour leur fabrique.* Sur le Cabinet se void le Buste du Roi Guillaume III. & de la Reine Marie; au milieu une croupe de marbre de l'enlevement des Sabines, comme on la peut voir dans la planche 19. figure 94. Quand ce Cabinet est ouvert, on y void peint un Balancier & un Mouton pour frapper les Medailles. Sur l'un des côtez des portes paroit à droite la fable de cet homme qui faisoit tous les jours des prieres & des sacrifices à son Idole, dans l'esperance d'en recevoir du secours, & qui se tâchant enfin de n'en rien obtenir, la brisa avec un levier, & y trouva un thresor, qui le recompensa du culte qu'il avoit rendu inutilement à son Dieu de bois. Sur l'autre côté paroit l'Histoire, à qui l'on présente des Medailles, des Vases, des Urnes, & d'autres Piéces antiques, dont on a fait la decouverte. Ce Cabinet renferme les coins à frapper les Medailles, avec quelques tiroirs de Medailles modernes, & l'Histoire Metallique de Louïs XIV. Entre ce Cabinet & le grand Alcove, vous voyez sur un piedestal le Buste de Diane, à côté une Urne très belle appellée *Phaleces*, où les anciens Romains mettoient leurs huiles, comme on pourra la voir dans la planche 13. Au dessus se void une Horloge, qui marche sur une planche, qui va en penchant; quand elle est en bas, on n'a qu'à la remettre en haut.

De là vous venez au grand Cabinet, qui est placé dans une Alcove. Il est peint en grisaille pour l'expedition de la delivrance de l'Angleterre. Il est separé en sept parties, dont les quatre plus grandes, qui forment les quatre coins, contiennent l'Histoire Metallique de Hollande. Sur les deux côtez sont des Medailles antiques, de bronze & d'argent. Dans le milieu il y a une espece de petit Cabinet, qui renferme l'Histoire Metallique du Roi Guillaume III. & de la Reine Anne. Au dessous dans le piedestal il y a deux tiroirs contenans quelques coquilles curieuses; & plus bas, dans une cartouche, se lit cette Inscription,

INVEN. EXSTRUX. ORN.
NICOLAUS CHEVALIER
OLYMPIAD. D. CXVII. ANNI
AB URB. COND. M. M. CCCC. XXXXIII.
SAL. D. DC. XCI.

Sur le Cabinet se void un Atlas, qui a à ses deux côtez Democrite & Heraclite, l'un pleurant les folies

monde, & l'autre s'en riant. Democrite étoit fils du puissant Hegesistrate, homme si riche, qu'il donna à manger avec une magnificence surprenante à Xerxès & à toute son armée. Ce Philosophe courut le monde pour apprendre les Sciences, & étant de retour en son pays il se retira dans un jardin, afin de s'appliquer à la connoissance des secrets de la Nature, & pour n'en être point detourné il se rendit aveugle, se brûlant les yeux en regardant fixement dans un bassin d'airain enflammé. Il mourut âgé de 109. ans. Nous lisons néanmoins dans *l'Apologetique* de Tertullien, que ce grand Naturaliste se fit perdre la vûë pour ne plus voir de femmes, parce qu'il les aimoit trop.

Au dessus du Cabinet, dans le fonds de l'Alcove, se voyent dans un cercle les douze Empereurs Romains en buste, & dessous chaque buste leurs Medailles, & dans le milieu des dits bustes se void une Sphere, & dans le milieu des six bustes un Globe terrestre & celeste. Dessus l'Alcove se void Hercule vainquant le geant Cacus. Sur les deux côtez se voyent deux Pyramides de verre très belles, à trois faces, qui sont un Barometre & un Thermometre. Sur une des colonnes de l'Alcove, à gauche, se void un Gladiateur. Il y en avoit de plusieurs sortes. Les uns étoient condamnez à combattre au milieu de l'arene, qui étoit faite exprès, où le peuple pouvoit voir les combats: d'autres étoient précipitez dans des lieux, où ils rencontroient plusieurs bêtes feroces, qui les mettoient en pieces, ou ils étoient engloutis par des feux, qui les consumoient. Ceux-là étoient appellez *Gladiatores pegmatis*, à cause qu'ils combattoient *in pegmate, seu constructo tabulato.* A ces sortes de spectacles il perissoit fort souvent beaucoup de peuple, à cause que la grande quantité de gens faisoit rompre l'Amphitheatre, sur lequel ils étoient placez.

Sur l'autre colonne se void Hercule, qui surmonte Briances Mauritain. Au dessous sur les colonnes se voyent plusieurs Medailles curieuses. Devant on void la figure de Pallas sur un piedestal, & à l'autre la figure de Mars. Au dessus de l'Alcove il y a trois planches, qui forment un cercle, sur lequel se voyent plusieurs figures, une Lanterne magique, des Cornes de rhinoceros, des Vases, le Buste de Guillaume I., un Tympanum Chinois, & plusieurs Bustes, & Fontaines. Au dessous l'on void le Portrait de leurs Altesses Serenissimes l'Electeur Palatin, & Madame l'Electrice, dont ils m'ont honoré, & au milieu un autre beau Tableau d'un très bon Maître.

A côté de l'Alcove il y a encore une Urne pareille à celle que nous vous avons expliqué ci-dessus. Ensuite vous avez le Buste de Venus Grecque. De là vous venez au troisieme Alcove. A côté gauche vous voyez la figure d'Harpocrate, posée sur un piedestal. Cette figure est assès singuliere, à cause qu'elle ne nous est point réprésentée comme un enfant à l'ordinaire, mais comme un homme fait. Elle a au côté droit une grande oreille, en forme d'une corne, qui lui tombe jusque sur les épaules. Elle porte sur la tête une mitre à l'antique. Elle a les doigts sur la bouche, pour marque du silence, qu'on doit garder, après avoir reçu les secrets par une grande oreille, c'est-à-dire, avec attention, comme dit fort bien Ovide,

Quique premit vocem, digitoque silentia suadet.

A l'autre côté vous avez un autre Harpocrate, qui étoit le même que Horus parmi les Egyptiens. Il étoit reconnu pour le Dieu du silence, en signe dequoi il avoit les doigts sur la bouche. Ces peuples ont dit une infinité de choses mysterieuses de ce Dieu. Le celebre Monsieur Cuper, Député aux Etats Generaux, en a fait, il y a quelques années, un Livre entier. Ce sçavant homme croid que cet Harpocrate, ou Horus, étoit fils d'Isis & d'Osiris, & qu'il étoit pris pour le Soleil levant. Sur le Cabinet vous voyez le Buste de Bri-

Britannicus, de marbre blanc, avec deux Urnes sur ses deux côtez. Un peu plus bas vous voyez deux autres figures de Cybele, ou d'Isis. Cybele est connuë parmi les Romains, & Isis parmi les Egyptiens. Nous vous en avons dit quelque chose ci-dessus sur celle qui allaite son fils Horus, qui étoit pris pour le Soleil levant, à cause de la flamme, qui paroit sur la tête de sa mere, & l'herbe *Lotus*, qui croit dans le Nil. Elle a au milieu une grosse tête, comme un pavot. Ces deux-ci sont d'une autre forme; elles ont une couronne de tours sur la tête, avec un grand voile, qui leur pend sur les épaules. Deux Sphinx, qui étoient le symbole de la prudence, tiennent un feston, qui lui embrasse la gorge, sur laquelle elle a un Cancer. Dessous ces festons vous y voyez une vingtaine de mammelles, qui nous denotent, qu'elle étoit la Deesse de la Terre & du Ciel. Dessous ces mammelles se voyent cinq Bas-reliefs. Le premier nous la fait voir avec plusieurs animaux, à qui elle tend les bras, & à ses pieds sont deux Lions, qui nous marquent ses amours furieuses, qu'elle avoit pour Atys. Dans le second on void un Cerf, un Bœuf, & une Biche, qui se reposent à l'ombre d'un chêne, qui est ordinairement consacré à Jupiter. Le troisieme est un sacrifice. Le quatrieme contient plusieurs Insectes, & deux Dauphins. Le Dauphin est le symbole des XV. *viri* deputez pour garder ses oracles, & pour les consulter. Le cinquieme est aussi rempli d'Insectes & de Serpens, symbole de la prudence. Elle tient de la main droite un Croissant, & de l'autre un Globe. Tous ces types sont singuliers & mysterieux, & nous denotent, qu'elle est la mere de toutes choses. Sur le piedestal se lit cette Inscription Greque, ΦΥCΙC ΠΑΝ-ΑΙΟΛΟC. La seconde est la même figure, avec d'autres Hieroglyphiques du Ciel & de la Terre. On lit à ses pieds cette autre Inscription Greque, ΦΥCΙC ΠΑΝΑΙΟΛΟC ΠΑΝΤ. ΜΗΤ. Les Grecs l'appelloient *IO*, les Egyptiens *Isis*, & les Romains *Cybele*, sçavoir la Terre, ou la Nature. Les Egyptiens l'ont mariée avec Osiris, comme nous l'avons deja dit, à cause qu'il étoit le Soleil, pour la rendre plus feconde & la mere de toutes les productions, qui se forment dans son sein, comme nous le disent fort bien Plutarque & Apulée. *Isis* (dit Apulée) *rerum natura parens, omnium elementorum domina.* Macrobe nous dit aussi, *nec in occulto est, neque aliud esse Osirim quam Solem, nec Isin aliud esse quam Terram, (ut diximus) Naturamve rerum.* Elle étoit adorée par-tout, & elle étoit la Deesse tutelaire de la ville de Paris, durant le Paganisme. S.te Genevieve pourroit bien avoir pris sa place, puisqu'elle est à présent la Sainte tutelaire de cette même ville. Elle étoit réprésentée sous differentes figures, comme j'en ai de plusieurs sortes. Suivant les endroits, on l'appelloit *Mere des Dieux*, comme *Tellus, Ops, Proserpina, Isis, Cybele, Rhea, Pandora, Berecynthia, Philene, Dindymene*, & *Pessinuntica*. Elle étoit fille de Protogone, qui signifie *le premier né*. L'on prétend qu'elle étoit une Reine d'Egypte, & qu'elle regnoit avec le Roi Osiris, au temps des premiers Israëlites. Tacite nous l'insinuë *Hist.* lib. v. par ces mots, *Regnante Iside, exundantem per Ægyptum multitudinem Judæorum in proximas terras exoneratam ferunt.* L'on prétend qu'elle étoit une Deesse d'un très grand esprit & d'un grand courage pour entreprendre les choses les plus difficiles. Elle fit construire un vaisseau pour voyager, dans lequel elle alla jusque dans les pays les plus éloignez & les plus barbares, comme les Gaules, l'Allemagne, & la Suabe. Tacite nous dit encore, qu'elle y penetra, & que n'y ayant rencontré que des peuples fort grossiers & fort sauvages, elle leur apprit à cultiver la terre, & à y semer du bled. Elle fut en si grande veneration parmi ces peuples de la Suabe, qu'ils crurent, que c'étoit la Deesse de la Terre, à

qui ils étoient redevables de leur avoir appris l'agriculture & l'exercice d'une Religion, qu'ils avoient jusqu'alors ignorée. Voici ses paroles lib. *de Moribus Germanorum: Pars Suevorum & Isidi sacrificat. Unde caussa & origo peregrino sacro, parum comperi, nisi quod signum ipsum in modum liburnæ figuratum docet advectam religionem.* Ce même Historien remarque encore, que les Allemans de la Suabe l'adoroient sous la forme d'un vaisseau, en memoire de celui qui l'avoit apportée dans leur pays. Nous avons des Medailles de Julien l'Apostat, où on la void dans un vaisseau. Il se void des figures, qui portent un vaisseau sur la main; ce qui fait dire à Diodore, & à Apulée, qu'elle présidoit en mer; & Apulée lui fait dire, *Navigabili jam pelago, rudem dedicantes carinam, primitias commeatus libant mei Sacerdotes;* comme si elle avoit trouvé la premiere l'art de naviger, ou au moins de se servir de voiles. Au dessous se void la tête d'un Dromadaire. Ce Cabinet ne renferme que des Medailles antiques.

Un peu plus loin vous trouvez la figure du Dieu Anubis. L'on réprésente toûjours ce Dieu avec une tête de Chien. Il étoit adoré des Egyptiens sous cette figure. Nous voyons que Virgile vers la fin du VIII. livre de son *Eneïde* l'appelloit *latrator Anubis*. Il y avoit une ville, où il étoit en très grande veneration, laquelle étoit pour cette raison appellée *Cynopolis*, ou *la Ville du Chien*. Les anciens Romains l'honoroient sous le nom de Mercure. Ils le réprésentoient, comme les Egyptiens, tenant en sa main gauche un Caducée & en sa droite une Palme. Apulée rapporte, que les peuples Orientaux le peignoient avec la tête d'un Chien, sur leurs Mumies & sur leurs Pyramides, pour marquer la subtilité de Mercure, d'autant qu'il n'y a pas d'animal plus adroit & plus agile que le Chien. Diodore de Sicile apporte une raison de cela, qui me paroit plus vrai-semblable, quand il nous dit, qu'Anubis accompagna son pere Osiris à l'armée, où il donna de si grandes preuves de sa valeur & de son grand courage, qu'on le mit après sa mort au nombre des Dieux, & qu'on le peignit avec une tête de Chien, symbole de la fidelité, parce qu'à l'armée il portoit pour enseigne cet animal, & que les Egyptiens l'honorent sous cette figure, pour donner à entendre, qu'il avoit été le fidele Gardien de son pere. Tertullien en fait mention dans le chap. VIII. de son *Apologetique*. Il le nomme *Cynocephalos*, à cause de sa tête de Chien. Et St. Augustin rapporte dans le chap. XIV. du 11. livre de la *Cité de Dieu*, que les Romains l'avoient reconnu pour Dieu, disant, que Pluton meritoit bien d'être préferé à Priape & à Anubis. Voici comme il le rapporte: *Certe vel Priapo, vel alicui Cynocephalo, postremo vel Febri, quæ Romani numina partim peregrina receperunt, partim sua propria sacraverunt.* Lucain est aussi du même sentiment; ce qui fit, que Sedulius Prêtre se mocquoit des anciens Romains, de ce qu'ils adoroient des Dieux, qu'ils fabriquoient eux-mêmes. A côté de ces Dieux vous voyez la figure de Vespasien, de marbre, entiere, qui tient de sa main gauche le bâton de commandement, & de l'autre il semble qu'il la veut poser sur un Trophée de toutes sortes d'utensiles, dont on se sert dans les sacrifices. C'est une très belle figure. Au dessus, entre ces deux figures, vous avez un Bas-relief très beau, de marbre, de la chute de la Manne dans le desert en faveur des Israëlites, & sur le côté l'armure du poisson appellé *Pristis* ou *Serra*. Au dessus se void un Bassin de verre bleuatre, qui a été trouvé dans la maison de Britten, & plus haut vous avez la peau d'un Mandarin.

De là vous venez au quatrieme Alcove, dans laquelle vous trouvez sept planches remplies de figures, d'Urnes, (comme vous le verrez dans la planche 7. figure 10. 11. 12. dans la planche 13. figure 53. & dans la planche 15. figure 65. 67. 69. 70. & 71.) d'un

Cou-

Couloir, & de Vafes antiques, dans lefquels on confervoit l'encens & les drogues pour parfumer les entrailles des bêtes, qu'ils vouloient confacrer. Vous y voyez des Rofes de Jericho, des Mouches des Indes, plufieurs Poiffons curieux, & des Pommes de la montagne du Liban. Vous y voyez une figure de Venus, avec celle de Junon, qui eft gravée dans la planche 23. figure 115. Il me femble, que celle-ci, fuivant fa figure, eft celle qui préfidoit aux nôces, fous le nom de *Juno Pronuba*, à caufe qu'elle étoit enveloppée prefque à demi corps d'un grand voile, qu'on appelloit *Flammeum*. Cette figure eft de marbre de Corinthe, très rare. Vous avez plufieurs Vafes, qu'ils appelloient *Præfericula*, qui fervoient dans les facrifices. On la trouve dans la planche 12. figure 46. Vous avez encore deux belles figures de marbre, dont l'une répréfente Rome affife fur un Trophée, & l'autre répréfente la Deeffe *Salus*, très belle. Vous voyez le Bufte de marbre d'une figure inconnuë, & vous avez enfuite une autre figure très rare, de marbre de Corinthe, des trois Graces, qui fe tiennent par la main, & qui renferment un poteau derriere elles. Les Poëtes les font filles de Jupiter & d'Eurynome, & d'autres difent qu'elles doivent leur naiffance à ce Monarque des Dieux & à Venus. Les Grecs nomment ces trois Deeffes *Charites*, dont la premiere s'appelloit *Aglae*, qui fignifie *Joye*, la feconde *Euphrofyne*, qui veut dire *Gayeté*, & la troifieme *Thalia*, qui fignifie *Beauté* & *Bonne grace*. Elles font au nombre de trois, pour donner à connoître, que pour un plaifir il en faut rendre deux, & c'eft ce que les Peintres & les Sculpteurs nous veulent faire entendre, lorfqu'ils peignent une de ces Graces tournant le dos, & les deux autres montrans leurs vifages. La premiere fignifie le plaifir qu'on a fait, la feconde celui que l'on reçoit, & la troifieme celui qu'on rend. Elles font auffi répréfentées nuës, jeunes, ayans le vifage riant, & fe tenans la main, pour nous apprendre, qu'il faut obliger fes amis avec fincerité & fans aucune diffimulation, que la memoire des bienfaits ne doit jamais vieillir, & qu'elles doivent être accompagnées de la joye, & fe fuivre les unes les autres par un enchainement perpetuel. Lorfque les Poëtes mettent les Graces en la compagnie de Venus, ils les confiderent comme les Deeffes de la beauté & de la bonne grace. La premiere (à ce qu'ils difent) refide dans les yeux, qu'elle rend fins & brillans; la feconde a fon fiege fur la bouche, qu'elle embellit, & fur la langue, à qui elle donne tous les charmes de la douceur; & la troifieme fait fa demeure dans le cœur, qu'elle remplit de tendreffe & de beauté. Ils les font auffi les compagnes des Mufes & de Mercure, Dieu de l'Eloquence. Vous les voyez dans la planche 22. figure 111.

A côté fe void en bronze la figure de St. Jean. Au deffus deux Cupidons de marbre, à demi nuds; plufieurs figures d'Ifis, avec des caractéres Hieroglyphiques; deux Lampes, une de la figure d'un Chien, qui étoit d'ordinaire confacré à Diane, & l'autre la figure d'Arion, qui fe fauve fur un Dauphin. Vous les voyez dans la planche 18. fig. 86. Vous voyez deux Dieux marins, un de bronze, & l'autre de marbre. On donne à celui de bronze trois noms, fçavoir *Melicerta*, *Palæmon*, & *Portumnus*; il nous eft répréfenté couché fur une natte d'eau; fa figure en Dieu marin. Celui de marbre tient un gouvernail; on le répréfentoit auffi fous la figure d'un enfant affis fur un Dauphin; ceux-là nous marquent les Jeux Ifthmiques, qui furent inftituez par Sifyphe, à l'honneur de Melicerte. L'un répréfente le Tibre, & l'autre l'Euphrate. L'on void deux Ibis, que l'on prétend ne fe trouver qu'en Egypte, où ils font en très grande quantité, detruifans les troupes des Serpens ailez, qui y viennent des deferts de l'Arabie. Quand ils font malades, ils vont à la mer, & fe donnent eux-mêmes un

clyftere. On prétend que c'eft de là qu'eft venu l'ufage du clyftere. L'Ibis étoit confacrée à la Lune, comme Elien nous l'apprend au liv. 2. chap. 38. des *Animaux*; & comme Ifis étoit la Lune, (à ce que nous rapporte Plutarque entre autres pag. 372. & 377. de fon Traité d'Ifis) il faut conjecturer de là que cet oifeau a été auffi confacré à cette Deeffe. Le même Elien au liv. 10. chap. 29. dit, que l'Ibis étoit aimée de Mercure. Martianus Capella la met auffi entre les marques ou les *infignia* ou *argumenta* de ce Dieu au liv. 2. pag. 42. Et Platon dans fon *Phedre* pag. 240. nous apprend, qu'elle étoit dediée par les Egyptiens au Dieu *Theuth*, qui étoit le même que Mercure, à ce que Ciceron au liv. 3. de *la Nature des Dieux* & Eufebe pag. 219. de la *Préparation Evangelique* le temoignent. Voyez la planche 18. fig. 90. L'on void un Terme d'un Satyre, la figure de Cybele, de Neptune, de Cerès, qui étoit fille de Saturne & d'Ops, la figure de Minerve, de Diane, d'Efculape, Dieu de la fanté. C'eft lui le premier qui a trouvé le chemin aux hommes pour la Medecine & qui l'a mife en pratique. Le Serpent lui a été confacré, fymbole de la prudence, comme il en faut avoir beaucoup pour la pratique de la Medecine. Il chercha inutilement pour fçavoir les moyens de fe rajeunir. Enfuite vous voyez la figure de la Santé, de Saturne, d'un petit Harpocrate, & de la Deeffe Angerone, que les anciens Romains reveroient comme la Deeffe tutelaire du filence, de même qu'Harpocrate; plus la figure d'un Sacrificateur ou Prêtre Egyptien, plufieurs *Kannes* de la Comteffe Jacoba, une figure extraordinaire d'une femme, qui fe bouche la bouche d'une main, & de l'autre fon derriere. Sur la derniere planche fe void la figure du Bufte de la Reine Artemife, qui eft pofée au milieu de la planche; on la nomme la Reine des femmes, parce qu'il n'y en a point eu qui ait aimé fon mari avec autant de tendreffe qu'elle cheriffoit le fien. Elle étoit Reine de Carie, & femme de Maufole. Après la mort de ce Prince elle lui fit élever un tombeau fi magnifique & enrichi de tant d'ornemens, qu'il a paffé pour une des fept Merveilles du monde. Depuis ce temps-là tous les monumens de cette nature ont été appellez Maufolées. L'Hiftoire nous rapporte, que cette Reine avala les cendres de fon mari, après les avoir mêlées dans du vin, & qu'elle établit pour les Sçavans, qui travailleroient à l'éloge de ce Roi, un prix, qui fut remporté par Theopompe. Vous en voyez la figure dans la planche 19. fig. 96.

Sur le côté de cette Alcove vous voyez fur un piedeftal la Juftice. Entre cette Alcove vous voyez fur une Tablette, attachée au mur, cinq planches; au deffous fe void un Bas-relief de Ciceron, de marbre, très rare. A côté vous avez un petit Cabinet vitré, dans lequel on void deux bras d'une veritable Mumie, enveloppée de fes linges odoriferans; plus un pied, & une main, avec plufieurs doigts de Mumies, & la figure de la Montagne des fables mouvans de l'Arabie. Voyez la planche 31. fig. 191. & 192. Et fur une petite planche fe void la pierre Amianthus. C'étoit de cette pierre que les anciens Romains tiroient leur filaffe pour faire leur linge incombuftible. Vous voyez cette filaffe & le linge dans le même Cabinet; il y a auffi du pain du pays de Lapland. Sur ce Cabinet vous voyez un More d'yvoire, qui eft couché fur un tombeau, fur lequel on lit, MEMENTO MORI. A côté de ce Cabinet on a un Tableau du jugement de Paris.

Sur la premiere planche de la Tablette fe voyent plufieurs figures, des Urnes, l'épreuve d'un Cordonnier des Indes, qui eft un efcarpin très curieux. Sur la feconde on trouve des Vafes, des Phioles lachrymales de metal, la figure de Phœbus, des Vafes de terre figillée, la figure de Mars, une Veftale, un Cochon de metal, & un petit Cupidon. La troifieme contient de très beaux Vafes de terre rouge, trouvez

dans

dans le Château de Britten, proche de Leide. (Voyez la planche 6. fig. 2.) Plus neuf figures de Sauteurs Chinois, très curieux, de bronze, & de bois. Sur la quatrieme planche il y a douze Pyramides de mineraux avec un homme au dessus, de differentes façons, comme ils travaillent dans les mines. Elles sont entremêlées de plusieurs Phioles; dans une se voyent un Chameleon, une Main d'un enfant, un Poisson volant; deux autres contiennent la figure d'un Alcyon mâle & femelle. Sur la cinquieme planche se void la figure de Scaramouche, de verre, très bien faite; plus trois figures de Prêtres du Japon, & d'un gueux, trois Bouteilles, où se voyent plusieurs Serpens des Indes conservez dans de l'esprit de vin; une autre, où se void un morceau du lard d'une petite Baleine, qui fut prise dans le Zuyder-zee, que j'ai coupé moi-même; une autre d'une Couleuvre des Indes, d'une Hagedisch, d'une autre sorte de Chameleon. A côté se void la figure d'Arlequin de verre. Au dessus de ces planches se voyent deux Tableaux de fleurs peints par Monsr. Schovill, Chanoine de St. Denis à Liege. Au milieu un Tableau de Galatée assise sur un Dauphin. Sur le côté gauche de la tablette se void attachée au mur une Sandale ancienne, une Dent d'éléphant, une Ruche de mouches de Surinam très curieuse, un Brasselet d'yvoire des Indes. A l'autre côté une Couronne faite de pieces de bois enchassées l'une dans l'autre, de sorte qu'il n'y a que la derniere piece qui les lie toutes ensemble, une autre Ruche de mouches, un autre Brasselet, deux Machines, sur lesquelles les Chinois comptent d'une très grande vîtesse. Au dessous, sur le plancher, sur un piedestal, se void une Bacchanale de Bacchus, très curieuse; au côté se void la figure d'une Matrone de Rome, de marbre.

Ensuite vous venez au cinquieme Alcove, qui est rempli de 8. planches garnies d'Urnes, d'Amphores, de Prefericules. (Voyez la planche 14. fig. 60. 61. 63. & 64. planche 12. fig. 42. & 44. planche 15. fig. 66. sur une on lit dessus L I V I A) de Vases, où ils conservoient l'encens & autres drogues pour parfumer les entrailles des bêtes, qu'ils consacroient; d'autres, dans lesquels ils mettoient l'eau lustrale; d'autres de metal d'une mesure, sur laquelle on lit cette Inscription,

IMP. CAESARE. L. SEPTIMIO
SEVERO. COS. . . . . .
MENSURAE EXACTAE
IN CAPITOLIO.

Voyez la planche 9. fig. 19. Il pend après la premiere planche d'enbas plusieurs curiositez. Vous voyez la figure d'Hercule en trois façons; (Vous en verrez une dans la planche 23. fig. 113.) un Mercure très rare, qui n'est pas encore connu dans aucun Auteur; un Jupiter, tenant ses foudres de la main droite, & de l'autre la figure d'une Suppliante, & au dessus la figure du Destin, qui tient un marteau avec un cloud, aussi très rare; un Auguste, qui est debout sur un globe; un Consul Romain; deux figures Gothiques; (Vous en verrez une dans la planche 31. fig. 184.) deux Miroirs ardens; deux figures de femmes, qui se peignent d'une main, & qui tiennent de l'autre un miroir; une figure d'une Mumie de terre; plusieurs Cachets de terre; (comme on les pourra voir dans la planche 26. figures 136. 138. & 139. planche 27. fig. 145. jusques à 153. inclusivement) des Gladiateurs; la figure d'un homme avec une grande barbe, qui a des ailes à ses oreilles, qui pourroit bien être le Temps, comme nous l'a fort bien decrit Monsr. Cuper dans son *Apotheose d'Homere*, & dans son *Harpocrate*, que ces deux choses sont des signes de ces Divinitez Payennes; plus la figure de Mars, trouvée à Nimegue; (Voyez la planche 28. fig. 162.) plus un petit Atlas de metal, avec un globe; deux Pierres de porphyre, dont les couleurs forment un globe naturel; un Cupidon prêt à decocher sa fleche; trois autres Cupidons; deux figures du Philosophe Confucius; (Voyez la planche 25. fig. 124.) la figure d'un Philosophe; un très beau Vase de marbre, appellé *Prefericule*; un Autel Chinois de la figure du Destin; deux Lampes extraordinaires; la figure de Venus, qui tient la pomme, que Paris lui donna; le Dieu Canope; deux Lampes de la figure d'un Sphinx. (Voyez la planche 18. figure 91.) Quoique je vous aye deja parlé du Sphinx, je ne laisserai pas d'en toucher un petit mot en passant, à cause de la rareté de la Lampe. Nous vous avons rapporté, comment il étoit fait. Les Egyptiens lui font rendre des Oracles, parce qu'ils étoient abusez par leurs Prêtres, qui faisoient rendre l'Oracle à un Sphinx monstrueux, qui étoit proche de la rive du Nil & de la grande Pyramide; ils avoient creusé un trou par dessous ce Sphinx, où il étoit placé, qui aboutissoit au ventre & à la tête, & où le Prêtre étant placé par dessous rendoit reponse à ceux qui venoient consulter l'Oracle, contrefaisant une très grosse voix, qui s'augmentoit dans la concavité interieure de cette figure, & qui ne trouvant point d'autre issue qu'une large bouche, il en sortoit avec grand bruit, & ces pauvres incredules demeuroient tous en extase, de frayeur d'entendre une voix terrible de cette prétendue Divinité; ce qui les confirmoit dans la fausse veneration, qu'ils avoient pour elle. Il s'en rencontroit souvent sur des monumens Egyptiens, que l'on mettoit souvent devant ou dedans les temples, pour marquer leur Theologie, qui étoit obscure, énigmatique, & pleine de mysteres. Ils la depeignoient en deux manieres, à cause du sens allegorique, qu'ils lui donnoient; ou sous la figure d'un Lion placé sur un lit de justice, ou sous la forme d'un Monstre, qui avoit le corps d'un Lion & le visage d'une Vierge. La premiere répresentoit MOMPHIA, Divinité Egyptienne, qui commandoit sur les eaux, & qui étoit comme la directrice du debordement du Nil. La seconde marquoit l'accroissement de ses flux. Ces figures, suivant mon opinion, ne sont pas une preuve, que ces peuples ayent crû, qu'on trouvoit de semblables animaux en quelque endroit du monde, mais qu'ils ne les prenoient que pour des emblemes & des caracteres sensibles, qui exprimoient leurs pensées, & que ce nom de Sphinx ne peut signifier autre chose, que l'etat, où le Nil se trouvoit, lorsqu'il se debordoit dans l'Egypte, & que ses inondations arrivoient au mois de Juin & de Juillet, lorsque le Soleil parcourt les signes du Lion & de la Vierge; de sorte qu'étans naturellement portez à faire de ces sortes d'unions monstrueuses, ils n'eurent pas de peine à s'imaginer une pareille figure, rampante sur terre, & composée des parties d'un Lion & d'une Vierge, & pour denoter, que le Nil mettoit leurs campagnes sous l'eau, lorsque le Soleil parcouroit ces deux signes. Les Grecs le répresentoient avec des ailes; c'est de là que Stace, livre 2. de sa *Theb.* 505. l'appelle *alitem*, & qu'Ausone l'a mis entre les *portenta tricorpora*, dont il fait cette description:

Terruit Aoniam volucris, leo, virgo, triformis
Sphinx, volucris pennis, pedibus fera, fronte puella.

L'on void pourtant dans la Table Isiaque de Pignorius, & sur une Medaille d'Auguste, frappée dans l'Egypte, (comme il paroit par le L. B. c'est-à-dire ΛΥΚΑΒ. B. en Latin Anno II.) un Sphinx ailé, quoique tous les Auteurs anciens nous disent, que les Egyptiens l'ont répresenté sans ailes; mais celui-ci n'a ni la tête d'une Vierge, ni les pâtes d'un Lion; au contraire il est fait d'une tête d'homme à barbe, & les pieds sont d'un bœuf, ou de quelque autre animal. C'est pourquoi je crois, que ce pourroit bien être un *Cepus*, ou Κῆπος, dont parle l'illustre Monsr. Spanheim à la pag. 214. de ses sçavantes Dissertations.

C

En-

Enfuite vous voyez la figure d'une *Hyæna* ; je ne sçai à quelle Divinité Payenne elle fut confacrée. C'eft un animal d'Afrique & de Syrie, dont Ariftote & Pline font la defcription. On la void fur une Medaille de l'Empereur Philippe, comme le rapportent les illuftres Meffieurs Spanheim & Mediobarbus : mais j'aurois fouhaité d'en voir les ectypes, pour les conferer avec ma figure ; au refte il fe peut faire, que cette bête ait été premierement vûe à Rome dans les Jeux Seculaires de cet Empereur, & comme les fuperftitions Payennes commençoient à ceder à nôtre fainte Religion, il eft à croire, que cet animal fut mis fous la protection de quelque Dieu, & d'autant plus qu'il étoit fale & vilain, fuivant ce que nous dit S.¹ Jerome fur Jerem. chap. 13. *Vivit cadaveribus mortuorum, & de fepulcris folet effodere corpora* ; ce que confirme le même fur le chap. 65. d'Efaïe, & Ariftote 8. 5. des *Animaux* ; comme aufli Pline 8. 30. de fon *Hiftoire Naturelle*. Je crois que fon Alteffe Electorale ne fera pas fâchée de ces petites Remarques.

Plus vous voyez une Deeffe Egyptienne avec des Hieroglyphiques, le Genie du monde, qui a fur la tête une tiare en forme d'un boiffeau, qui eft la figure ordinaire, que l'on lui donne. Il porte un Timbre d'un pennache, qui eft furmonté d'un Globe, pour nous marquer la grande incomprehenfibilité de l'Efprit de Dieu fur le monde fenfible. La fublime connoiffance de Dieu nous eft fort bien réprefentée dans fon habillement, qui eft caché d'un voile impenetrable à l'efprit humain, n'ayant point de feparation à fes pieds, à caufe qu'il eft immobile & indivifible en foi, quoique toûjours en action. Nous lifons dans Heliodore liv. 3. fol. 148. que l'ame de Dieu eft immortelle, & figurée en marchant, non pas qu'il ait une marche ordinaire, mettant fucceffivement un pied devant l'autre ; mais parce qu'il fend les airs avec impetuofité, laquelle fe doit plûtôt appeller une penetration, qu'un paffage. C'eft pour cette raifon, que les Egyptiens ne donnent point de pieds à leurs Dieux. Ce Genie eft accompagné de deux figures d'Anubis. Sur fes deux côtez, & à fes pieds, il y a deux Chiens, fymboles de la fidelité. Vous voyez une Main de bronze d'un facrifice fait à Serapis, un Bufte de Jules César de bronze, deux Lampes antiques, avec un Chameleon deffus. Nous vous ferons une petite defcription du Chameleon, qui eft un mot Grec, qui fignifie *un petit Lion*. Il pourroit bien être, que l'on lui a donné ce nom à caufe de fa queuë retrouffée comme celle du Lion. Il s'en trouve beaucoup du côté du grand Caire, & dans l'Egypte, dans les hayes & les arbriffeaux, qu'on appelle Burg-épines. Ils ont quelque reffemblance avec les Crocodiles. Leur difference eft dans la couverture de la tête, dans la langue, dans les yeux, & dans les alimens, dont ils fe nourriffent. Ils ne rampent point fur leur ventre, mais marchent à quatre pieds. Ils ont leur tête à-peu-près femblable à celle d'un pourceau, ou plûtôt à celle d'un belier, en ce qu'elle finit en pointe. Ils n'ont point les yeux couverts de paupieres, & les tournent où ils veulent. Ils font fort lourds & pareffeux. Il femble qu'ils n'ayent point de fentiment, fi non que, quand ils veulent manger & qu'ils tirent leur langue, alors ils font prompts & agiles. Ils detruifent beaucoup de moucherons, de fauterelles, de chenilles, & de vermiffeaux. Ils n'ont point de dents, mais ils ont un grand os le long de la machoire, coupé en forme de fcie ; cependant ils ne s'en fervent point, parce qu'ils ne font qu'avaler, fans mâcher. Ils ont le col fort court, de forte qu'il femble que leur tête & leur poitrine fe tiennent enfemble. Ils n'ont ni rate, ni veffie, parce qu'ils ne boivent jamais. Ils dechargent tous leurs excremens par derriere, comme les oifeaux. Leur dos eft couvert d'une peau dure, forte, écaillée, & heriffée de quelques épines. Leurs pieds reffemblent à ceux des Singes. Ceux de devant ont trois doigts tournez en dedans, & deux en dehors ; ceux de derriere, tout au contraire, avec des griffes crochuës, dont ils fe fervent pour empoigner, comme les Singes. Leur marche eft fort plaifante ; lorfqu'ils approchent les deux pieds du côté gauche, ils éloignent ceux du côté droit, & au contraire, lorfqu'ils approchent ceux du côté droit, ils éloignent ceux du côté gauche. Ils font cela d'une maniere fi ridicule, que l'on ne peut les voir fans rire ; mais ils grimpent fur les arbres avec tant de rapidité, qu'on diroit qu'ils volent. Ils fe pendent fort adroitement aux branches par leur queuë, comme par un croc, afin de fe tenir deffus. L'on peut conclurre de là, qu'ils fe tiennent plus fouvent fur les arbres, qu'à terre. Pour leurs yeux, ils font admirables par-deffus ceux des autres animaux ; ils les ont comme deux jumeaux, qui n'ont que le même mouvement, & qui regardent tous deux du même côté ; mais, quand ils veulent, ils en donnent deux divers mouvemens, tenans l'un fixe, & l'autre ils le tourneront comme il leur plaira ; de l'un ils regardent en haut, & de l'autre en bas : il faut rire, quand ils en tournent un du côté du dos ; ainfi ils peuvent voir par derriere & par devant. Ils fe nourriffent d'une maniere furprenante, ne prenans pas du bec, comme les oifeaux ; ils ne ruminent pas, comme les Bœufs & les Chevres ; ils ne fuccent pas, comme les Lamproyes & les Sangfues ; ils ne mâchent pas, comme la plûpart des autres animaux ; mais ils tirent la langue, & avalent les morceaux, avec tant de fubtilité, qu'il y a de la peine à les voir ; quand ils cherchent à manger, ils tournent les yeux de tous côtez, l'un en bas, & l'autre en haut, tantôt par derriere, & tantôt par devant ; s'ils decouvrent quelque chofe, ils tiennent les yeux fixes fur l'objet qu'ils ont decouvert, & ouvrent leur gueule, & tirans leur langue d'une demi-paume de long, ils attrapent leur proye fans y manquer. Leur langue eft renfermée dans un tuyau creux, tout charnu & fpongieux ; le long de ce canal regne un nerf beaucoup plus étendu que la corde d'un violon, qui prend fon origine de l'os de leur langue ; cet os dans ces animaux n'eft pas comme dans les hommes ; il eft creux, & de la longueur de la langue, afin de leur fervir d'étui, quand ils retirent leur langue, qui s'étend par le moyen des efprits animaux, qui y coulent, & le nerf la fait rentrer, lorfqu'elle eft chargée de mouvement & de vermiffeaux. Au bout de leur langue ils ont une glande vifqueufe, pour tenir leur proye ; ce qui detruit le fentiment de ceux qui veulent, que ces animaux ne vivent que d'air. Le fentiment de ceux qui veulent, qu'ils fe changent en toutes fortes de couleurs, n'eft pas vrai. Pancirolle Romain, dans fon Anatomie du Chameleon, nous dit, que la couleur naturelle de cet animal eft cendrée, & que les differentes paffions du froid & du chaud font les feules caufes, qui y apportent quelque changement ; par exemple, quand il eft chaud, il devient tant foit peu grifatre, & fa peau eft d'un gris cendré ; mais fa couleur naturelle eft toûjours la cendrée, comme on le pourra voir par celui que j'ai, & qui lui demeure après fa mort. Cet Auteur dit, que ceux, qui croyent autrement, fe trompent beaucoup, afsûrant qu'il eft impoffible, qu'ils puiffent prendre les couleurs des objets, qui les environnent, & que ce n'eft autre chofe que le mouvement du cœur ; c'eft donc le froid & le chaud, qui produifent ces changemens, parce que, comme il a peu de fang & de chair, il eft fort fenfible à l'un & à l'autre.

Vous trouvez diverfes Lampes dans la planche 18. fig. 88. & la figure du Chameleon au naturel, dans la planche 33. fig. 201. De plus on void un Vafe, ou une Urne, avec la figure d'Ifis. Outre cela deux Lampes pofées fur un Cerf, qui eft confacré à Diane, &

en

en même temps la marque de la ville d'Ephese ; ce qui pourroit avoir été quelque confecration, que l'on auroit faite à Diane dans cette ville. Certaines Lampes fe voyent dans la planche 18. fig. 92. qui ont été trouvées dans le château de Britten, duquel vous voyez le plan dans la planche 5. Plus le Bufte d'Augufte en bronze, & celui du Philofophe Solon, un des fept Sages de Gréce, natif de Salamine, & grand Legiflateur des Atheniens. On lui attribuë l'inftitution de la cour de l'Areopage. Ce Sage difoit, qu'on ne pouvoit appeller perfonne heureux avant fa mort.

Enfuite vous voyez un Enfant de bronze, fait par le celebre du Quefnoy, & le Bufte de Caton le Cenfeur, auparavant appellé Prifcus, & enfuite Caton, à caufe de fa grande prudence & de la feverité de fes mœurs ; il paffa par toutes les charges de la Republique Romaine avec un très grand éclat, & il nous a laiffé plufieurs excellens ouvrages en Latin. Vous voyez encore la figure de Terence, & plufieurs autres Curiofitez.

Au deffus il y a attaché à la grande planche un bâton de Canelle, de treize pieds de long, très beau ; & fur les deux côtez de l'Alcove fe voyent des Vafes, que les Soldats Romains portoient à leurs côtez pour boire ; & à côté, fur la droite, en bas, fe void fur un piedeftal un Terme de marbre. Les Romains le répréfentoient toûjours fans bras & fans pieds ; &, fi on veut croire ce que dit Polybe, la fuperftition en vint par les querelles que ces peuples eurent pour leurs limites, lefquelles étant appaifées, ils poferent des ftatuës au Dieu, qu'ils croyoient avoir préfidé à leur accord. De là eft venu le JUPITER TERMINALIS des Crotoniates & des Sybarites. Vous en trouvez la figure dans la planche 23. fig. 114.

Entre cette Alcove il y a une Tablette, qui contient fix planches. Au deffous il y a huit plâtres très beaux pour l'ouvrage ; plus haut une Bacchanale, la vûë du Louvre, & un autre Tableau d'une pierre naturelle, qui forme une ville. Sur la premiere planche de la Tablette l'on void une figure fort bizarre d'un homme, qui a fes mains fur fon dos & une femme fur fes épaules, les pieds par devant, lui bandant les yeux, ayant les mains fur fes parties honteufes. Une autre d'une femme qui fe bouche la bouche d'une main, & de l'autre fon derriere.

Enfuite vous trouvez les fept Idoles, qui étoient adorées par les peuples de ces Provinces, avant qu'ils euffent embraffé le Chriftianifme. La premiere Idole étoit pour le premier jour de la femaine, qu'on appelloit *le jour du Soleil*. Ils avoient dans leur Temple la figure d'un Soleil peint comme un demi-homme, élevé fur un piedeftal, devant lequel ils fe profternoient. Son vifage étoit tout rayonnant de flammes de feu : de fes mains il tient une roüe de feu devant fa poitrine : cette roüe marque le mouvement du Soleil, qui tourne à l'entour de toute la terre. Ses rayons, qui font ardens & lumineux, faifoient voir, que le Soleil par fa lumiere & par fon ardeur éclaire & échauffe toutes les chofes terreftres, & qu'il leur donne la vie & l'accroiffement. Chacun lui rendoit des honneurs divins, & lui offroit des facrifices, parce que les peuples croyoient, que le Soleil, qui eft au firmament, avoit communication avec cette Idole, & qu'ils travailloient tous deux enfemble pour aider à ceux qui venoient les invoquer. On nommoit cette Idole *Sondag*, en François *Dimanche*.

La feconde Idole eft la figure de la Lune, qui eft répréfentée comme une femme, & néanmoins elle a un habit court, comme celui d'un homme, avec un chaperon fur fa tête, & deux grandes oreilles. Elle tient avec fes deux mains une Lune d'argent devant fa poitrine. Ses fouliers font faits comme des efcarpins. Elle eft debout fur un piedeftal avec un habit d'homme, faifant voir par-là, qu'encore qu'elle eut le vifage d'une femme, elle n'en avoit point les infirmitez, ni les foibleffes, mais qu'elle avoit le cœur genereux, comme un homme. Son chaperon montroit, qu'elle n'étoit ni fiere, ni orgueilleufe, mais douce, tendre, & bienfaifante. Ses longues oreilles fignifioient, qu'elle étoit toûjours attentive aux prieres de ceux qui imploroient fon affiftance ; & fes fouliers pointus defignoient, que tous ceux, qui combattroient après l'avoir invoquée, deferoient leurs ennemis avec leurs fleches & leurs javelots. La Lune d'argent, qu'elle portoit devant fa poitrine, figuroit, qu'elle étoit la Patrone de la mer ; car les matelots, les pêcheurs, & tous les voyageurs de mer la prenoient pour leur grande Deeffe, & lui offroient leurs facrifices & leurs adorations. Ils l'appelloient *Maandag*, qui en François veut dire *Lundi*.

La troifieme Idole eft *Tuifce*, que Tacite appelle *Tuifto*, qui étoit le plus ancien Dieu de toute l'Allemagne. On écrivoit en haut *Satyurfdag*, & en Anglois *Tuefday*, & en Flamand *Dingfdag*, & en Italien *Tudefchi*, & en haut Allemand *Tuyfcochen*, c'eft-à-dire en François *Mardi*. Il eft élevé fur un piedeftal, habillé de peaux à l'ancienne maniere de la nation Flamande, tenant un fceptre de la main droite, & la main gauche étenduë. Il eft comme un vieillard avec une longue barbe & des cheveux blancs. Sa tête decouverte, fa longue barbe, & fes cheveux blancs nous font comprendre, qu'il eft un des plus anciens Dieux, & qu'on devoit avoir plus de veneration pour lui, que pour les autres. Son fceptre figuroit fa puiffance fouveraine & l'empire qu'il avoit fur toutes chofes. Sa main gauche, qu'il tenoit étenduë, étoit pour faire voir, qu'il fecouroit tous les malheureux. Son habit de peaux defignoit fa force & fa grande vigueur. Sa tête nuë faifoit voir, qu'on ne devoit s'approcher de lui qu'avec la tête nuë.

La quatrieme Idole eft *Woden* ; on la nommoit *Wodenfdag*, qui répond à *Woenfdag* d'aujourdhui en Flamand, & en François *Mecredi*. Ce Dieu eft pofé tout droit fur un piedeftal, armé de pied en cap, tenant à fa main droite un glaive, & à fa main gauche un bouclier. Il eft vêtu d'une cotte d'armes, ayant des efcarpins à fes pieds, & une couronne fur fa tête : & tous fes habillemens figuroient, qu'il étoit un des Dieux de la guerre. Il étoit vaillant & courageux. Son épée unë, qu'il tient à la main, fait voir, qu'il falloit toûjours être prêt à combattre. Le bouclier, qu'il a dans fa main gauche, fait voir, qu'il ferviroit de defenfe & de bouclier à ceux qui l'imiteroient. Sa cotte d'armes fait voir, qu'il faut être intrepide dans le combat. Ses efcarpins montroient l'agilité de fon corps. Sa couronne répréfentoit, qu'il étoit le Dieu des armées, & qu'on l'invoquoit avant que d'aller au combat, en lui offrant des facrifices & des prieres, afin de remporter la victoire fur fes ennemis. Quand les vieux Bataves s'étoient diftinguez dans une bataille, & qu'ils avoient furmonté ceux qui les avoient attaquez, ils alloient à ce Dieu, pour lui offrir en facrifice tous les prifonniers, qu'ils avoient faits dans ce combat.

La cinquieme Idole eft le Dieu *Thorn*, autrement appellé *Thurn*, & par les Brabançons *Thunrefdag*, & par les Bataves *Donderdag*, c'eft-à-dire en François *Jeudi*. Ce Dieu eft avec grande majefté pofé dans une grande falle, affis au pied d'un lit couvert. Il a fur fa tête une couronne d'or, & au deffus & à l'entour il a douze étoiles brillantes. Il tient à fa main droite un fceptre royal. Il a une longue robe, fermée par le haut avec quatre boutons, & une ceinture. Tout cet appareil magnifique, où il étoit, figuroit fa grandeur & fa majefté. Son fceptre répréfentoit fon grand pouvoir. Sa couronne d'or faifoit connoître, que fa domination étoit au deffus de toute la force & de toutes les puissances du monde. Ses étoiles brillantes, qui étoient autour de sa tête, designoient, qu'il étoit aussi puissant dans le ciel que sur la terre, & qu'il étoit le maître de l'air, des vents, & de tout l'univers, & que, lorsqu'il étoit irrité, il produisoit les éclairs, les tonnerres, les tempêtes, les grandes pluyes, la grêle, & le mauvais temps; mais quand on l'appaisoit par les adorations, les sacrifices, les invocations, & autres honneurs, qu'on lui rendoit, il envoyoit aux hommes un fort beau temps & fort propre, il faisoit croître en abondance toute sorte de grains & de fruits, & il éloignoit d'eux la peste & toutes les autres maladies contagieuses.

La sixieme Idole est la Deesse *Friga*, qui étoit peinte avec les deux natures, comme un Hermaphrodite, étant homme & femme. A sa main droite elle tient une épée nuë, & à sa main gauche une arbalête, pour faire voir, qu'une femme peut aussi bien qu'un homme se tenir prête à combattre, lorsqu'il est necessaire. Les uns l'adoroient comme un Dieu, les autres comme une Deesse; mais elle étoit tenuë pour une Deesse plus que pour un Dieu. Les peuples croyoient, qu'elle donnoit la paix & toute l'abondance, qui étoit dans le pays. Elle étoit aussi la mere & la cause de l'amour; c'est ce que réprésente son arc. Son épée fait voir, qu'elle étoit toute puissante auprès du Dieu de la guerre. C'est pourquoi Olaus Magnus dit, que dans la Nord-Hollande, lorsque le Dieu *Thorn* étoit assis dans une grande salle au pied du lit couvert, le Dieu *Woden* étoit à un côté de la Deesse *Friga*. Quelques uns écrivent son nom *Frea*, & non pas *Friga*, & disent qu'elle a été la femme du Prince *Woden*. Mais elle est aussi bien appellée, suivant mon opinion, *Friga*: & son nom dans le haut Saxon est écrit *Frige*; c'est pourquoi les hauts Saxons nommoient ce jour *Frigedeng*, parce qu'il étoit consacré à *Friga*, & les Bataves *Vrydag*, parce qu'elle portoit anciennement le nom de *Frea*, ce qui en François veut dire *Vendredi*.

La septieme Idole est la figure de *Seater*; & la principale place, où elle étoit reverée, étoit sur une montagne, qui s'appelloit *Seaterberg*. On avoit fait sur un piedestal une perche, & ce Dieu étoit posé sur les arrêtes pointuës de ce poisson, ou sur les veines de son dos. Elle étoit maigre de visage, ayant de longs cheveux & une grande barbe. Elle avoit aussi la tête nuë, de même que les pieds. Dans sa main gauche elle tient une rouë en haut, & dans sa main droite elle porte un seau d'eau, où il y a des fleurs & des fruits. Sa robe longue est ceinte d'une ceinture de linge blanc. Sa tête nuë, & les aiguillons pointus de cette perche, sur laquelle elle étoit posée, signifient, que tous ceux, qui la revereroient & qui la prieroient & l'adoreroient, pourroient passer par les chemins les plus difficiles & les plus perilleux, sans être blessez & sans craindre aucun mal. Par cette rouë étoit marquée la bonne union des Saxons, qui alloient tous ensemble par le même chemin. Par la ceinture, que le vent enlevoit, étoit figurée la liberté des Saxons. Le seau d'eau, qui est plein de fleurs & de fruits, designoit, que ce Dieu avec une pluye naturelle pouvoit produire des fleurs & des fruits, & tout ce qui étoit necessaire à ceux qui venoient l'invoquer. Sa longue barbe faisoit voir son antiquité, & la reverence, qu'on devoit avoir pour sa vieillesse. Ses jambes & ses pieds nuds faisoient voir, que les vents, les saisons, & les tempêtes étoient sous sa domination, & que ceux, qui s'adresseroient à elle dans des temps fâcheux, goûteroient un air doux, calme, & serein. Le septieme jour tiroit son nom de cette Idole, que les hauts Saxons appelloient *Seatersdag*, les Anglois *Saturday*, & les Bataves *Saturdag*, c'est-à-dire en François *Samedi*. Je crois que le Lecteur ne sera pas fâché d'avoir cette petite dissertation sur ces faux Dieux.

Nous viendrons présentement aux autres figures, qui suivent. Vous en voyez une d'une femme extraordinaire, qui est sur les épaules d'un homme, à qui elle bouche la bouche, & lui se bouche le derriere avec sa main. Une autre d'une femme, qui a sa main sur son derriere, tenant de l'autre un membre viril.

Sur la seconde planche se voyent treize Cuillers antiques de differentes sortes. Chacun étoit employé à differentes bêtes, qui étoient consacrées, pour prendre l'encens dans le coffre, qu'ils appelloient *Acerra*. (Vous les voyez dans la planche 16. fig. 72. 73. 74. 76. & 77.) Ces Cuillers sont entremêlées de six sortes de Styles, cinq de metal, & un d'yvoire, où se void le cheval Pegase, très rare. Ces Styles étoient des especes de poinçon de cuivre ou d'autres metaux, avec lesquels ils écrivoient sur leurs tablettes. Voyez la planche 25. fig. 117. 121. & 123.

Sur la troisieme planche se voyent dix Phioles lachrymales, de marbre, de verre, & de bois. Ils les appelloient en Latin *Phiala lachrymatoria*. Ils louoient pour leur pompe funebre des pleureuses, qui étoient un titre d'office parmi les anciens Romains. Elles avoient de petites cuillers longues & étroites, avec quoi elles prenoient sur leurs visages les larmes, pour ensuite les mettre dans leurs phioles. Ensuite ces phioles furent mises dans leurs urnes des defunts. (Vous les verrez dans la planche 16. fig. 75.) Plus une Vestale, un petit Taureau, qui étoit d'ordinaire consacré à Mars, à Junon, & à Cerès; la figure d'une Diane, la Deesse Isis d'une autre maniere.

Sur la quatrieme planche se voyent une Cloche du Japon fort curieuse, avec des caracteres dessus, la Deesse Isis, quatre figures extraordinaires de trois femmes, qui marchent sur un homme, qui est couché sur son ventre; celle du milieu bouche la bouche aux deux autres. La figure de Silene, un Satyre, une Balle de cuivre avec des caracteres, laquelle les anciens Romains appelloient *Tympanum*, un autre Satyre, une figure extraordinaire de trois femmes, dont l'une est à genoux sur les épaules des deux autres, leur fermant la bouche, & les deux autres leur derriere; une autre d'un homme se fermant la bouche d'une main, & son derriere de l'autre, le Dieu Mars, un Vase, dans lequel ils mettoient leur eau lustrale, la figure d'un homme avec la tête d'un faucon, la figure de Clotho, une autre de la Fidelité, un Mercure en Terre, un autre Mercure portant un belier sur ses épaules, la figure d'Angerone, qui tient une pêche en sa main, fruit qui étoit consacré au Dieu du silence, un membre viril de Priape, qui a des oreilles au milieu; c'est un Hieroglyphe pour les nouveaux mariez pour la consommation de leur mariage; consecration faite au Dieu Priape, la Deesse *Volupia*, à qui les Romains bâtirent un temple, & qu'ils réprésentoient comme une jeune & belle personne, ajustée mignardement; elle tenoit d'ordinaire la Vertu sous ses pieds; de plus un petit Harpocrate, la figure de Typhon, la figure de Mercure posé sur un globe, le Dieu Priape; il y avoit des temples, qui lui étoient consacrez, où les femmes alloient faire leurs devotions; elles s'échauffoient quelquefois si fort, qu'elles hurloient comme des Bacchantes, & elles avoient en faisant cette devotion une petite figure de ce Dieu penduë à leur col, laquelle étoit d'ordinaire bien fournie du membre viril de Priape. Il étoit defendu aux hommes d'entrer dans ces sortes de temples. Ces femmes étoient d'ordinaire couvertes d'un grand voile, & ces sortes de devotions se faisoient sur le soir. Les Prêtres, qui servoient dans ces temples, s'appelloient *Mysta*; ils servoient également à Priape & à Bacchus. Ils s'appelloient encore *Phaliophori*, comme le remarque fort bien Herodote, à cause des figures, qu'ils tenoient dans leurs ceremonies de Priape, ou de Bacchus, *phallis ornatas, i. e. mentulis*. Plus une autre figure

gure avec la tête d'un coq, & cette Infcription Gréque, ΣΩΤΗΡ ΚΟΣΜΟΥ. Les Latins l'appelloient *Mutinus*.

Sur la cinquieme planche fe voyent la Tête d'un Lion & d'une Lionne, la figure de Cerès, la Tête d'un Barberouffe, qui eft moitié cerf, & moitié pourceau, apporté de l'île de Lebre, & la figure d'un Lutteur.

Sur la fixieme planche fe voyent un très beau Vafe de terre rouge & couvert, un Microfcope d'Angleterre, un Miroir ardent de metal, un Cylindre de metal, une Urne de metal. Par deffus pend à la grande planche deux monftrueufes Pattes d'écreviffes de mer, deux Oeufs d'aûtruche, trois grandes Phioles lachrymales.

Sur les deux côtez de cette Tablette à gauche fe voyent un Bas-relief de Tibere, une Main de marbre de Lucrece, une Pierre ronde, fur laquelle on lit cette Infcription, EX. GER. INF. deux *Patera*, dont ils fe fervoient pour recueillir le fang de la victime, que l'on vouloit confacrer. Il y en avoit qui étoient ornées de feuilles de fougere, d'autres de feuilles de lierre, d'autres appellées *Patera pampinata*, qui étoient cifelées de feuilles ou de pampres de vigne. (Voyez la planche 13. fig. 57.) Plus vous voyez une très beau Couloir de bronze, pour paffer le vin ou le lait dans les facrifices. Celui-ci paroit avoir été confacré à Bacchus, par tous les Bas-reliefs, qui nous font répréfentez là-deffus. Sur le premier vous voyez Uranie, qui s'y repofe au deffous d'une arbre; Bacchus s'en approche; Cupidon, qui eft fur le côté, femble en être bien aife. L'on pourroit auffi bien le prendre pour Silenus, que pour Bacchus, à caufe de fa grande barbe, quoiqu'il foit eonftant qu'on a depeint Bacchus de cette maniere, felon ce que nous affûre Mr. Cuper. Sur le fecond Bas-relief fe void un jeune Bacchus affis, couronné, tenant un pot, deux figures debout, dont l'une tient une coupe, ou *Patera*, & un pot, tout de même que les Prêtres dans un marbre ancien publié par Monfr. du Choul dans fon Traité de la *Religion des anciens Romains* de l'impreffion de Lyon pag. 315. L'autre figure porte une *Acerra*, qui étoit un petit coffre, où l'on mettoit l'encens, comme on verra une femblable figure dans *l'Apotheofe d'Homere* par Monfr. Cuper pag. 74. Dans l'autre Bas-relief de deffus on void un Prêtre à genoux, tenant la tête d'un bouc, & un autre levant le maillet pour le tuer & le facrifier, & enfin un Bouc, & un Satyre danfant, & voulant lutter. Il y a quelques années qu'il s'en eft trouvé une femblable, qui a été propofée par Monfr. Marc Mayer aux amateurs de l'Antiquité, pour en decouvrir l'ufage. J'ai mis au jour mes remarques fur cette piece, que le Lecteur pourra voir.

On peut voir la figure de mon Couloir dans la planche 16. fig. 78. Au deffous fe voyent deux Couteaux, qui ont fervi à égorger les victimes. Vous en voyez un dans la planche 6. fig. 5. A l'autre côté fe void le vifage de Jean de Wit tiré fur lui-même, en plâtre; au deffous un Pied fait par Michel Ange, de pierre, original, une Pierre ronde, avec cette Infcription, LEG. I. PMNE. plus deux Pateres, un Couloir, qui eft renfermé dans une boëte, avec fa cuiller pour recevoir ce qui y paffoit, deux Poignards, un avec un manche d'agathe, qui a été pris fur les Turcs par Monfr. de Fourneaux, qui m'en a fait préfent; l'autre des Indes, avec fon manche d'une branche de corail rouge.

Vous venez au fixieme Alcove, dans lequel il y a fix planches. Il pend après plufieurs fruits, la figure d'un Poiffon en forme de Dragon; (voyez la planche 34. fig. 206.) plus divers Poiffons en étoile, Tortues, Poiffons volans, une Huitre petrifiée, le Gofier d'une femme, plufieurs Armures d'un Poiffon nommé *Serra*, une Corne de poiffon, (voyez la planche 34. fig. 251.) & plufieurs autres Curiofitez.

Sur la premiere planche on void l'Anatomie de Michel Ange de bronze, la Deeffe Flore, très curieufe, de bronze, une autre figure de bois, très belle, un St. Jean de bronze, un petit enfant de marbre, qui paroit être dans une corbeille, s'appuyant fur un couffin, la figure d'un Chrift émaillé, le Bufte en bronze de Chriftian Roi de Dannemarc, une Pyramide de 60. fortes de mineraux, très rare, avec les ouvriers, qui travaillent dedans, le Bufte de Jules Céfar de bronze, Hercule qui écrafe un Lion contre fon corps.

A la feconde planche pendent un Fragment de bronze d'un Serpent antique, un Dragon, une Poire pour faire des experiences Mathematiques, un Quadran antique, le Bufte de JULIA DOMNA, d'yvoire, antique; (que l'on verra dans la planche 6. fig. 4.) elle a été trouvée dans le Château de Britten par Monfr. de Rouffeau, Marchand Drapier à Leide, qui m'en a fait préfent, avec le Bufte de SEVERUS fon mari, auffi d'yvoire. (Voyez la même planche 6. fig. 3.) Dans l'année 1687. nous fûmes enfemble pour voir le dit Château, (comme on en verra le plan dans la planche 5.) & nous entrâmes dedans par le moyen d'un petit bâteau. Je ne laiffai pas d'y trouver quelques Vafes, & des Fragmens de l'Antiquité. Plus on void un Cachet antique, (comme on le verra dans la planche 25. fig. 126.) une *Fibula* très rare, qui fervoit pour attacher les vêtemens des anciens Romains fur l'épaule; elle eft ronde & gravée; plus un autre Cachet antique, un Lion, qui a fervi de manche à quelque inftrument, un Cachet Indien, le Manche d'un Couloir antique, une Pipe des Indes avec un Cameleon deffus, un morceau de bois coupé artiftement aux Indes, & un morceau de corail blanc. Sur cette même planche fe voyent deux petits enfans de du Quefnoy, les figures de Mars & de Venus de marbre, deux *Kannes* de la Comteffe Jacoba, deux figures de femmes de bronze, un Ibis, un Bacchus, un Vafe antique, la figure d'une femme, la figure de Bacchus fur un éléphant, très curieux, la figure de Priape, la figure du Genie, avec une peau de Lion, & un Belier entre fes jambes, un Mercure tenant fon caducée, Jules Céfar, un Gladiateur, la figure d'Ifis avec des Hieroglyphiques, un très beau Vafe avec des Bas-reliefs deffus.

Sur la troifieme planche pendent après 60. Cachets, ou Bagues, & des fragmens. Cela me meneroit trop loin, fi je voulois en donner l'explication; nous les garderons pour un autre ouvrage. Sur la dite planche vous voyez la figure de Cupidon, une Lampe très curieufe, qui forme une tête d'homme; plus la figure d'Arion, un Pied de marbre, très beau & antique, deux Phioles de verre appellées *Gutti*, dans lefquelles ils mettoient leur huile quand ils fe baignoient, & dont ils fe fervoient pour fe frotter avec l'étrille, un Vafe appellé *Amphore*, un autre Pied de marbre, une Lampe d'une figure d'un Satyre, fur laquelle on trouve ces lettres L. D. S. V. S. L. M. que l'on pourroit interpreter ainfi, *Laribus domefticis facravit ut fervent lactum* .... un autre Pied de marbre, la figure d'un Coureur de nuit appellé *Loup-garou*.

Sur la quatrieme planche pendent après deux Bracelets, (comme on les pourra voir dans la planche 25. figure 122. & planche 26. figure 132.) qu'on appelloit *Armilla*; plus trois Clefs, (on en verra une dans la planche 25. figure 127.) dix figures du membre viril de Priape, qu'ils pendoient à leurs cols, quand ils les lui alloient confacrer; (on en trouvera quatre dans la planche 26. fig. 128. 134. 136. & 141.) plus quatre *Fibula*, qui fervoient pour attacher les bords de leurs manteaux & de leurs fur-tous; (vous en trouverez trois dans la planche 25. fig. 18. 19. & 20.) plus deux Têtes de Beliers. (voyez la planche 26. fig. 140.) Dans le milieu vous verrez une Piece fort rare, qui eft une de ces pierres quarrées, avec lesquelles ils faisoient tirer au sort. Il y en avoit de plusieurs sortes, comme de demi-rondes, noires, & blanches. Entre les quarrées il y en avoit une qui étoit percée. Lorsqu'ils tiroient au sort ou aux billets pour les jugemens militaires, celui qui avoit le bonheur d'amener le Theta, avoit la vie sauve, & le Tau étoit la marque de la mort. (comme on pourra voir dans la planche 25. fig. 125.) L'Ecriture sainte nous en fait mention dans Ezechiel, quand il nous dit, *Signa Tau supra frontes vivorum.* On y void encore la figure d'un Gladiateur, portant le bâton appellé *Rudis*, pour signifier qu'il ne pouvoit se servir d'armes ; c'est pourquoi on donnoit ce bâton à ces Gladiateurs, & que de là ils furent nommez *Rudiarii* ; c'étoit une arme feinte & traitre ; cela leur étoit aussi donné pour marque qu'ils manquoient de force, qu'ils n'étoient plus capables de se battre, & qu'ils étoient francs du combat. Il y en avoit d'autres, qui étoient affranchis & émancipez, qui pouvoient voir le combat sans se battre. A ceux-là on donnoit une *Tessera* d'or ou de bronze. La mienne est de bronze, quarré, & longue de deux pouces, avec une espece de bouton au bout, & cette Inscription dessus,

FRUCTUS SEXTI. SP.
K. FEB. M. SIL.
L. NOHB. COS.

A côté vous voyez la figure d'un Philosophe, la figure de Diane d'Ephese ; celle-ci est assès curieuse, à cause qu'elle a la forme en qualité d'Isis & de Canope ; depuis la tête jusques aux pieds, comme un Vase appellé *Hydria*, & en François *Hydrie*, ou *Vase à eau*, comme on nous réprésente d'ordinaire le Canope. Ensuite vous avez le Buste d'un enfant, un Prêtre Egyptien devant son autel, qui n'est rempli que de figures Hieroglyphiques. Il paroît sur cet autel des Vases appellez *Hydries*, ce qui veut dire *Vases à eau*. Il y en a deux, & deux Gerbes de grain. Au milieu une Corbeille de pommes, ou de pins. Au dessous une Mesure de choses liquides, dont on se servoit dans les sacrifices. Autour de cet autel & de son bras pendent des fleurs, des fruits, des poissons, & des oiseaux. C'étoit leur opinion, que la nature de l'eau étoit la cause de toute sorte de biens, prétendans que l'eau étoit l'origine de tout l'univers, comme nous l'avons expliqué sur la figure d'Isis. Ensuite vous avez un Soldat Romain, la figure d'Isis, une Phiole lachrymale, un Lion qui dévore un Cheval, une Main de bronze, qui est entortillée d'un serpent, qui vient manger une pomme entre ses doigts. Plus la figure de Hyacinthe, d'une Sabine d'une Tête de femme, & du Dieu Serapis, qui est réprésenté avec une espece de panier sur sa tête. Macrobe nous veut faire entendre par là la hauteur du soleil ; mais je serois plûtôt pour le sentiment de Suidas & de Rufin, qui l'appellent un boisseau, ou mesure de bled, parce qu'on croyoit, que Serapis avoit enseigné aux hommes les mesures, & qu'il leur donnoit une grande abondance de fruits, par le moyen du Nil, qu'il faisoit deborder ; ce qui rendoit l'Egypte feconde en toutes sortes de fruits. Je crois que ce boisseau pourroit avoir été consacré à ce Dieu, en memoire de Joseph, qui sauva toute l'Egypte de la famine par toutes les mesures de bled, qu'il avoit eu soin de ramasser pendant l'espace des sept années d'abondance, comme nous le lisons dans l'Ecriture sainte. Plus vous voyez la Tête d'un Philosophe, & la figure de Venus pleurante.

Sur la cinquieme planche pendent une Pierre d'aimant, une Lampe antique, quatre Romaines antiques, qui ont été trouvées à Nimegue, plusieurs Instrumens, deux *Fibula*, quatre Bagues antiques, une Lampe de metal, la figure d'un ancien Batave, une Clef antique avec une main au bout, le fragment d'une Pallas, une Lampe, où se lit dessus S. T. que l'on peut voir dans la planche 9. fig. 23. une autre fig. 21. de bronze, une autre fig. 20. On y void encore une figure inconnuë, la figure d'Apollon, un Senateur Romain, une Venus, la figure d'Agrippine, le Buste de Jules César de bronze, la figure du Nil, la figure d'un Philosophe, de Cybele, de Cerès, de Niobe, d'Euterpe, une Bacchante, une Egyptienne.

Sur la sixieme planche pend une Lampe, (que l'on peut voir dans la planche 9. fig. 22.) six fragmens de figures antiques ; plus une Lampe avec cette Inscription, FORTIS: une autre avec deux figures ; (que l'on peut voir dans la planche 17. fig. 80. & 81.) plus un Dragon, une Lampe avec des figures, deux autres avec des croix, un membre viril de Priape, une Romaine antique, que l'on a trouvée à *Santen*, un Bracelet appellé *Armilla*, une Lampe avec ces lettres dessus, N. O. I. S. une autre avec la figure d'un Chien dessus, une autre avec la figure du Temps ; plus des Instrumens, avec lesquels mangent les Chinois, la figure d'une Chinoise, ou Prêtresse, un enfant de du Quesnoy, le Roi Guillaume III. à cheval, un enfant Egyptien, la figure d'Uranie.

Au côté droit de cette Alcove pend au mur un très beau Bassin ciselé par le celebre Monsr. François Briot. Vous voyez les quatre Elemens, les Arts, & les Sciences dessus, avec la Temperance & sa Medaille au dessous ; plus un Couloir, ou Vase de terre, où ils passoient le vin, ou le lait, dans les sacrifices ; (voyez la planche 13. fig. 53.) plus quatre *Patera*, qui étoient aussi des Vases pour recevoir le sang des victimes qu'on égorgeoit ; plus une Machine, sur laquelle les Chinois comptent.

De là vous venez à ce qui fait face aux trois Alcoves de l'ovale de la Chambre, où vous trouvez sept planches. Sur la premiere planche on void quatre Vases appellez *Amphora* ; (voyez la planche 17. fig. 22.) plus la figure de Flore, une Bouteille de liege des Indes, couverte de petits osiers d'un beau travail, une Urne couverte, (voyez la planche 12. fig. 48.) les trois Graces, & d'autres Vases.

Sur la seconde planche se voyent deux Vases appellez *Amphora*, mesures Romaines, l'Anatomie de Michel Ange, une Inscription sur un fragment de quelque autel, sur lequel on lit,

JOVI. JUNONI. MINERVAE.
Q. V. G. M. S. L. M.

Le celebre Monsr. Baudelot de Dairval, Avocat au Parlement de Paris, qui la rapporte dans son *Utilité des Voyages* Tom. 1. pag. 241. de l'impression de Hollande, en donne une explication ; (voyez la planche 13. fig. 56.) plus vous voyez le Buste d'Antonin avec une barbe, un autre fragment d'un autel, sur lequel vous voyez les *Fasces*, qu'on portoit d'ordinaire devant les Magistrats Romains ; on lit dessus,

MERCURIO. CN. CETRONIUS
PRAESENS V. S. L. M.

Ensuite vous voyez le Buste d'Antonin le Jeune ; plus une autre Inscription gravée dans le marbre,
D. M. C. SERVENIUS. ARTEMIDORUS.
VALERIAE. PHILIPPINAE. MERENTI
FECIT. CUMO.... XVIX. ANLS. VI.
Au côté se void un Gladiateur, & ensuite une Amphore.

Sur la troisieme planche se voyent deux belles Amphores de terre rouge ; deux autres d'une autre façon ; ensuite un fragment, sur lequel on lit JANUS... OI.... A côté vous voyez une fort belle Lampe d'un Satyre & d'une Bacchante. A côté on lit cette Inscription gravée sur le marbre,
D. M. EMILIUS EUGENIUS.
Ensuite vous avez un Vase de terre rouge appellé *Prefericule*, un autre de verre bleu, (voyez la planche 12.

fig.

fig. 46.) Enfuite vous avez un autre fragment d'une Infcription de marbre,

M..... ILAPA MAT..,. M...

A côté une très belle Urne avec des fignes militaires deffus. (comme on pourra la voir dans la planche 13. fig. 52.) A côté fe void un fragment d'une Infcription,

U V..... VIU.....

A côté un petit Benitier portatif, où ils mettoient leur eau luftrale. Voyez la planche 12. fig. 42.

Sur la quatrieme planche paroit un Lion de metal, un très beau Vafe de ferpentine. A côté l'on void cette Infcription,

PALLADI VICTRICI.

A côté vous voyez la figure de Cleopatre, quand elle fe fit piquer par un afpic. A côté un Bas-relief de marbre du jugement de Salomon. (Voyez la planche 14. fig. 62.) A côté le Bufte de Domitien de marbre; plus une très belle Infcription de marbre, avec les fignes militaires, qu'ils portoient fur leurs étendarts ; on lit deffus,

L. ANTONIUS. L.F. FAB. QUADRA.
TORQUIBUS. ET. ARMILLIS.
AD. T. CAESARE. BIS. LEG. XX.

Une autre de marbre, fur laquelle on lit,

DIS. MANIBUS. L. CESTIO
VALENTI. VIX. ANN. XV.
FEC. MACAREIUS P. PIISSIMO.

A côté vous voyez le Bufte de Trajan, auffi de marbe; plus une autre Infcription de marbre, fur laquelle on lit,

M. LICINIUS HERCULANUS.
VIX. AN. XX. H. S. ESI.
I. R. Q. L. D. S. ILLI. T. L.

A côté vous voyez la figure du Philofophe Confucius; plus un autre Vafe de ferpentine. A côté l'on void un Bas-relief de marbre d'une figure, dont on prétend que les Anciens fe fervoient pour faire prêter le ferment ; & pour cela ils faifoient mettre les doigts dans la bouche de cette figure, & quand on ne difoit pas la verité, elle fe fermoit.

Sur la cinquieme planche l'on void le fragment d'une Pierre, que les anciens Romains mettoient à la tête de leurs legions ; on lit deffus, LEG. XXXV. A côté fe void la figure d'une Lampe, de Priape. Enfuite le fragment d'une Infcription de marbre,

M. MANULEI. PHILEMO.

A côté une Pierre quarrée avec cette Infcription,

LEG. X. GER.

A côté le Bufte de Jules Céfar ; plus une autre Infcription fur un marbre,

POSTUMIA. P. L. MURTIS.
A. POSTUMIUS. P. L. EUDAMUS.
F. V. POSTUMIA. L.ƆL. LESBIA.

Plus une autre Pierre quarrée avec cette Infcription,

CC. PE. EXER. L. NF.

Une autre,

X. GER. INF.

Une autre,

LEG. I. P. MINE.

Une autre,

LEG. VIII. AUG.

Une autre de marbre,

C. LUCILIUS. C.
L. HERACLEO.

A côté vous avez une figure de bronze inconnuë, une autre Pierre quarrée avec cette Infcription,

LEG. VII. AUG.

A côté le fragment de marbre d'une Infcription,

OSSA TRONIAE ANTIOCH. PIAE.

A côté fe void la figure d'un Adonis; plus une autre Pierre quarrée avec ces lettres, L. XXXV.

Sur la fixieme planche fe voyent un Bas-relief d'Her-cule, un Vafe. (comme il eft réprésenté dans la planche 12. fig. 50.) A côté fe void cette autre Infcription,

Q. MALLONIUS.
BATHYLLUS VIVO SIBI.

Le celebre Monfr. Spon la rapporte dans fes *Recherches des Antiquitez de la Ville de Lyon* pag. 203. A côté fe void une Tête de marbre inconnuë; plus un Vafe, où ils mettoient l'eau luftrale. (comme je vous l'ai ré-préfenté dans la planche 12. fig. 44.) Enfuite vous voyez la tête d'Augufte, & celle d'Atys; plus un Vafe appellé *Prafericulum*; enfuite la Tête de Romulus, de marbre. A côté fe void cette Infcription,

MATRIS. AUG. MASTONIA.
BELLA. V. S. L. M.

que Monfr. Spon rapporte encore dans fes *Antiquitez de la Ville de Lyon* pag. 91. A côté fe void une très belle Canne, avec plufieurs fignes deffus ; plus un Bas-relief de marbre de l'Empereur Heliogabale.

Sur la feptieme planche fe void une Pierre, que les anciens Romains mettoient fur les tombeaux, & fur laquelle il y a, L. XXXVV. A côté on trouve un très beau fragment d'un Bas-relief de marbre, très rare, réprésentant comment les anciens Romains man-goient, une autre Pierre fepulchrale avec ces lettres, LEG. XXXV. Enfuite vous avez trois autres In-fcriptions, qui m'ont été données de l'Eglife de St. Paul d'Utrecht, qu'on a demolie.

De là vous venez à un Cabinet vitré, qui renferme toutes fortes d'Eftampes pour la fabrique des Medail-les. Au deffus paroit une figure, qui tient un écuf-fon, fur lequel il y a une Infcription, que nous avons ci-devant rapportée. A côté vous trouvez une Caiffe, qui renferme un Indien dans fa peau avec fes cheveux. Au deffous fe void un petit Squelete d'un enfant. A côté il y a un Cabinet, qui renferme vingt-cinq Boë-tes de toutes fortes d'Infectes, avec plufieurs Oeufs, comme de Crocodile, & d'autres animaux. Au deffous il y a quatre planches, où l'on trouve plufieurs Vafes très rares, & autres figures antiques. Au deffus il y a fur la droite une figure, qui tient une efpece de chan-delier d'Eglife, & de l'autre un écuffon, fur lequel on lit ces paroles,

DILIGES DEUM TUUM
TOTO CORDE TUO. Matth. xxII.

A côté vous voyez une Boëte, qui renferme un Vafe fait au tour, qui en renferme plufieurs autres ; plus la figure de Galatée, une Pyramide de dix-neuf fortes de mineraux, une autre figure, fur l'écuffon de la-quelle on lit,

ET PROXIMUM TUUM,
SICUT TE IPSUM.

Au deffus vous voyez attaché à la cloifon dix Fleches des Indes, avec deux Arcs, & deux Boucliers. Dans l'en-tre-deux vous voyez un Vafe, que l'on appelle *Pelli-can*, dans quoi les Anciens faifoient leur eau potable. Sur la planche, qui eft par deffus, fe void le membre viril d'une baleine, & fes deux tefticules, avec un pe-tit Canot. Il pend à la planche deux Porte-voix, l'un de fer blanc, & l'autre de verre; & fur le côté de la porte il y a une Caiffe, qui renferme le Squelete d'une femme.

De là vous venez au milieu de la Chambre, où vous voyez une très belle Fontaine, qui jette de l'eau par des Serpens, des Crapaux, & un Dragon, & enfuite par un Dauphin. Dans le plat-fonds vous voyez un très beau Canot & un homme dedans, avec une dou-ble rame & tous fes autres agrets, qui a été apporté du detroit Davis. A côté il y a un Serpent de vingt-cinq pieds de long, qui a englouti trois Negres proche de Surinam. Vous y voyez un Nid d'Alcyons très rare, plus un Poiffon volant, (voyez la planche 35. fig. 215.) un autre en forme de Dragon, (voyez la planche 34. fig. 206.) un autre appellé *Raja levis*, un

 autre

autre en Dragon, (voyez la planche 34. fig. 208.) un autre appellé *Piscis monoceros*, un autre nommé *Snottolf*, une Tortuë, (voyez la planche 36. fig. 223.) un autre *Snottolf*, trois Courges de Caco, deux Poiſſons en forme de Dragon, une groſſe Roſe de Jericho, un Lezard du Brezil de 24. pieds de long, huit Arcs des Indes, un Poiſſon appellé *Canis marinus*, un autre appellé *Piſcis gibboſus*, (voyez la planche 35. fig. 213.) un autre appellé *Serra* ou *Priſtis*, (voyez la planche 35. fig. 219.) un autre gros Poiſſon inconnu. De l'autre côté du Canot on void un Serpent de dix-huit pieds, nommé *Beignacu*, un autre de dix-ſept pieds, un Poiſſon appellé *la Croix*, & en Latin *Zygana*, ſeu *Libella altera*, une autre *Serra* ou *Priſtis*, l'Os de l'épaule d'une Baleine, un Dauphin, trois Caimans, un Éturgeon appellé en Latin *Acipenſer*, un petit Crocodile, un Crapaud d'une groſſeur extraordinaire, (voyez la planche 34. fig. 205.) une Armadille, (voyez la planche 35. fig. 217.) un Poiſſon inconnu, un autre appellé *Lumpius Anglorum*, un autre nommé *Piſcis orbis*, un *Bufo caudatus*, deux petites Baleines, un petit Poiſſon appellé *la Croix*, un petit Crocodile, une autre *Serra*, un autre Dauphin, un autre qui a une forme extraordinaire, & inconnu, une autre petite *Serra*, une Lanterne de papier des Indes, & un petit Vaiſſeau.

Voilà à-peu-près ce que contient la Chambre, que l'on eſpere d'augmenter, & d'en donner la ſuite au public, avec les planches des figures & des animaux. Voici l'Indice de ce que contiennent les planches de ce premier Volume.

F I N.

INDICE

INDICE

des chofes les plus rares, & prin-
cipalement d'antiques, qui font
contenuës dans cette premiere
Partie, & qui ont été recueuil-
lies, avec une diligence infa-
tigable & de très grands frais,
pendant l'efpace de xx. ans, par

NICOLAS CHEVALIER.

TABULA I.

ON void la face anterieure du
Cabinet fermé, ornée de
beaucoup d'emblemes.

TAB. II.
Une autre delineation du même, mais
interieur & ouvert.

TAB. III.
La partie la plus interieure & la plus
cachée, où l'on garde des Medailles des plus rares d'argent & quelques unes d'or, des Grecs, des Romains, & d'autres.

TAB. IV.
On void les côtez du Cabinet peints
artiftement.

TAB. V.
L'Ichnographie, ou le plan de l'*Arma-
mentarium* du peuple Romain, qu'on
appelle ordinairement *Brittenburgum*, dont les mafures, qui fe mon-
trent hors de l'eau, ont été depeintes
l'an 1686. en la préfence de Monfr.
Rouffeau & de quelques autres
Marchands de Leide, par *Nicolas
Chevalier*, qui a trouve là plufieurs
chofes curieufes & dignes de memoire, qu'il garde encore.

TAB. VI.
No. 1. Une Pierre quarrée, qu'on a
trouvé dans les ruïnes du dit *Arma-
mentarium*, avec une Tête barbue
& pennachée, qu'on dit être de l'Empereur Severe, qui de fon temps re-
tablit cette maifon, felon qu'on peut
voir par une Infcription, qu'on de-
terra l'an cɪɔ ɪɔ xx. & que Hubert
Goltzius a donnée au public.

No. 2. Un Vafe rond & large, de couleur rouge, & ayant deux anfes.

No. 3. La Tête d'un vieillard avec une
longue barbe, d'yvoire.

No. 4. Une autre Tête d'un jeune homme couronné de laurier, d'yvoire.

No. 5. Un Couteau, ou une Hache,
avec fon manche, appellé *Secefpita*,
dont on fe fervoit dans les facrifices.

No. 6. Une Minerve avec un cafque,
de cuivre, qui tient d'une main un
bouclier, & de l'autre une fleche.

No. 7. Une Tête un peu longue de
cuivre, avec un diademe.

TAB. VII.
No. 8. Une Pierre quarrée de terre
rouge, avec l'Infcription de la Le-
gion xxxxxv.

No. 9. Une Tuile avec des bords élevez
de part & d'autre, dans laquelle on
trouve ces lettres numerales LXXXXVI.

No. 10. 11. 12. 13. Urnes fepulchrales
de diverfes couleurs, avec des fragmens de vieux cadavres brûlez.

TAB. VIII.
No. 15. 16. 17. Des Tuiles rondes propres
à paver, avec diverfes Infcriptions.

INDEX

primæ Partis, rariffimarum
rerum, præcipue antiqua-
rum, quas indefeffo ftu-
dio ac ingentibus impen-
fis collegit, intra xx. an-
nos,

NICOLAUS CHEVALIER.

TAB. I.

FAcies anterior Nummophylacii
clauſi, multis emblematibus re-
ferta, demonftratur.

TAB. II.
Altera ejufdem delineatio, fed inte-
rioris & aperti.

TAB. III.
Omnium intima & fecreta pars tra-
ditur, qua rariffima argentea; &
nonnulla aurea, Numifinata Græ-
corum, Romanorum, aliorumque
affervantur.

TAB. IV.
Latera illius affabre picta oftendun-
tur.

TAB. V.
Ichnographia Armamentarii populi
Romani, quod *Brittenburgum*
vulgo appellant, cujus rudera ex
aquis eminentia Ao. 1686. deli-
neavit *Nicolaus Chevalier*, præfen-
te Do. Rouffeau aliifque Mercatori-
bus Leidenfibus; iftic plurima curio-
fa & commemoranda invenit, &
etiamnum affervat.

TAB. VI.
No. 1. Lapis quadratus in ruinis di-
cti Armamentarii repertus, capite
barbato & criftato; dicitur effe Im-
peratoris Severi, qui fua ætate il-
lud reftituit, uti docet quædam In-
fcriptio, Ao. cɪɔ ɪɔ xx eruta, &
ab Huberto Goltzio edita.

No. 2. Vafculum rotundum & am-
plum, rubri coloris, & duabus an-
fis infigne.

No. 3. Caput fenile corona cinctum
cum promiffa barba, ex ebore.

No. 4. Caput juvenile laureatum cum
corona, ex ebore.

No. 5. Culter vel Securis cum manubrio, dictus *Secefpita*, cujus ufus
in facrificiis.

No. 6. Galeata Minerva ex ære, altera manu clypeum, altera fagit-
tam tenens.

No. 7. Caput oblongum æreum,
cum diademate.

TAB. VII.
No. 8. Lapis quadratus ex terra ru-
bra, cum Infcriptione Legionis
XXXXXV.

No. 9. Tegula cum marginibus ab
utraque parte elatioribus, in qua lit-
teræ hæ numerales LXXXXVI. exftant.

No. 10. 11. 12. 13. Urnæ fepulchrales
diverfi coloris, cum fragmentis ve-
ruftorum cadaverum crematorum.

TAB. VIII.
No. 15. 16. 17. Tegulæ pavimentorum
rotundæ, cum diverfis Infcriptionibus.

REGISTER

van het eerfte Deel van de feer rare faken, voornamentlijk oude, dewelke door een onver-
moeyde naarftigheyd en groote koften vergaderd heeft, binnen de tijd van 20. jaren,

NICOLAUS CHEVALIER.

TAB. I.

WOrd vertoond het voorfte
geficht van de toegefloote
Penningkaft, verfien met
veele vercierfelen.

TAB. II.
Een andere afbeeldinge van defelve
Penningkaft, dog van binnen en
geopent fijnde.

TAB. III.
Het alderbinnenfte en afgefonderfte ge-
deelte van defe kaft, waar in feer rare filvere, en eenige goude Pennin-
gen van Grieken, Romeynen, en
andere bewaard werden.

TAB. IV.
Worden de zeyde van defelve Penningkaft vertoont, feer net gefchilderd.

TAB. V.
De platte gedaante van het Wapenhuys
des Roomfche volks, 't welk in 't
gemeen het *Huys der Britten* word
genaamd, welkers overblijffels uyt
het water uytftekende in 't jaar 1686.
fijn afgefchilderd door *Nicolaus Chevalier*, tegenwoordig fijnde den Heer
Rouffeau en andere Leydfche Koop-
lieden; daar heeft hy verfcheyde
aanmerkelijke nog voor te ftellen
gevonden, en die nu nog bewaard.

TAB. VI.
No. 1. Een vierkantige Steen, onder
d'overblijffelen van het gefeyde Wapenhuys gevonden, met een hoofd,
lange baard, en een helmet; men
houd het te wefen het hoofd van de
Keyfer Severus, die in fijn tijd het
felve Kafteel heeft vernieuwt, ge-
lijk men fien kan uyt feker Opfchrift,
opgedolven in 't jaar 1520. en van
Huybert Goltzius uytgegeven.

No. 2. Is een rond Vat van roode coleur, wijd, en met twee ooren verfien.

No. 3. Een oud mans Hoofd, gekroont met een lange baard, van
yvoir.

No. 4. Een Hoofd van een jongeling,
met laurier gekroont, uyt yvoir.

No. 5. Een Mes of Bijle, met een handvat, als men wel eer plag te ge-
bruyken in d'offerhanden.

No. 6. Minerva van koper, met een
helmet, hebbende in d'eene hand
een fchild, in d'andere een pijl.

No. 7. Een langwerpig Hoofd, gekroont, van koper.

TAB. VII.
No. 8. Een vierkantige Steen uyt roode
aarde, met het Opfchrift van de 55.
Legioen.

No. 9. Een Tigchelfteen met hooge
kanten aan wederzijde, op defelve
fteen in 't midden ftaat een getal 96.

No. 10. 11. 12. 13. Sijn Doodbuffen
van verfcheyde coleuren, en met
ftukken van oude verbrande ligcha-
men.

TAB. VIII.
No. 15. 16. 17. Ronde Vloerfteenen,
met verfcheyde Opfchriften.

No. 14.

INDICE DE CHOSES

remettoient la luette en sa place.
No. 75. Une Cuiller, dont se servoient les Anciens pour recueuillir les larmes. On en void la figure dans le Livre, qui a pour titre, *le Cabinet de Ste. Genevieve* pag 26.
No. 79. Un Couloir, comme ci-dessus, sans anse.
TAB. XVII.
No. 80. Des Lampes, auxquelles on void des traces de lettres effacées.

No. 82. Un petit Vase d'une ouverture étroite, & d'une figure rare, avec une anse.
No. 83. Une *Fibula* de cuivre.
No. 84. Un Vase large, pour les sacrifices, de cuivre.
No. 85. Une Pierre quarrée, qui représente Hercule avec sa massue.
TAB. XVIII.
No. 86. Une Lampe de cuivre, dans laquelle on void Arion, qui embrasse un Dauphin.
No. 87. Une autre Lampe de cuivre, avec la figure d'une femme, qui demande l'aumone dans un vase fort large.
No. 88. Une autre Lampe pendante, avec la figure d'un Cameleon, de cuivre.
No. 89. Un Sceptre de cuivre, doré par-ci par-là.
No. 90. Un Oiseau d'Egypte, appellé *Ibis*, de cuivre très mince.
No. 91. 92. 93. Des Lampes des Anciens de cuivre, qui réprésentent un monstre, un cerf, ou un dragon.
TAB. XIX.
No. 94. L'enlevement des Sabines, de marbre, travaillé suivant l'art des Anciens.
No. 95. Un petit Vase, fort tendre, & fort leger, qu'on croid être seché par la chaleur du soleil.
No. 96. Une Tête voilée, de cuivre, qu'on dit être celle d'Artemise.

No. 97. Un petit Vase de terre doré, dans lequel on void deux Philosophes à table, qui disputent en beuvant.
No. 98. Une Etrille de cuivre, dont les Romains se servoient dans les bains.
No. 99. Une figure nuë, de cuivre, qu'on croid être Antinoüs.
No. 100. Un Pot de terre, de diverses couleurs.
No. 101. Un Aspergès, ou Goupillon, de cuivre.
TAB. XX.
No. 102. 103. 104. 105. } Des Statuës Romaines, chacune sur leur piedestal.

TAB. XXI.
No. 106. 107. 108. 109. Des Bustes de marbre, en habillement divers.
TAB. XXII.
No. 110. Junon avec un paon, de marbre.
No. 111. Les trois Graces, de marbre de Corinthe, ayans les cheveux entortilliez d'une maniere étrange, adossées l'une contre l'autre, en habillement qui leur pend jusqu'aux talons.
No. 112. Jupiter, de marbre, ayant une aigle entre ses pieds.
TAB. XXIII.
No. 113. Hercule avec sa massue & une peau de lion, de cuivre.
No. 114. La figure d'une femme, de marbre, qu'on croid être un Terme.

No. 115. La statuë d'une femme fort

---

vel Chirurgi uvulam tactam sanab.
No. 75. Cochlear ad lachrymas colligendas; Veteribus in usu etiam usu depictum in libro dicto *le Cabinet de Ste. Genevieve* pag. 26.
No. 79. Colatorium, ut supra, sine manubrio.
TAB. XVII.
No. 80. 81. Lampades, in quibus vestigia litterarum fugientium leguntur.
No. 82. Vasculum angusti oris, rarioris formæ, ansatum.

No. 83. Fibula ex ære.
No. 84. Capedo ampla, ex ære.
No. 85. Lapis quadratus, referens Herculem cum clava.
TAB. XVIII.
No. 86. Lampas ex ære, exprimens Arionem, qui amplectitur Delphinum.
No. 87. Lampas ex ære, cujus figura est mulier nuda, petens eleemosynam amplissimo vase.

No. 88. Lampas pensilis, cum Chamæleonte, ex ære.
No. 89. Sceptrum ex ære, hinc inde deauratum.
No. 90. Avis Ægypti, dicta *Ibis*, ex ære subtilissimo.

No. 91. 92. 93. Lucernæ Antiquorum æreæ, monstrum, cervum, vel draconem referentes.
TAB. XIX.
No. 94. Raptus Sabinarum ex marmore, arte prisca elaboratus.
No. 95. Vasculum tenerrimum ac levissimum, quod solis ardore exsiccatum creditur.

No. 96. Caput velatum ex ære, quod dicitur esse Artemisiæ.

No. 97. Vasculum figulinum deauratum, in quo duo Philosophi mensæ assident ac inter pocula disputant.
No. 98. Strigilis ex ære, qua utebantur Romani in balneis.

No. 99. Imago nuda ex ære juvenis formosissimi pro Antinoo habiti.
No. 100. Vas fictile diversi coloris.
No. 101. Aspergillum ex ære.
TAB. XX.
No. 102. 103. 104. 105. } Statuæ marmoreæ Romanorum, pedamentis insistentes.

TAB. XXI.
No. 106. 107. 108. 109. Imagines ex marmore pectore tenus, diverso habitu.
TAB. XXII.
No. 110. Juno cum pavone ex marmore.
No. 111. Gratiæ tres, crinibus mire contortis, dorsis sibi invicem oppositis, veste talari, ex marmore Corinthiaco.

No. 112. Jupiter ex marmore, inter pedes aquilam habens.
TAB. XXIII.
No. 113. Hercules cum clava & pelle leonis, ex ære.
No. 114. Imago muliebris ex marmore; vulgo Terminus habetur.

No. 115. Statua mulieris forma egre-

---

de Barbiers de huyg mede genasen.
No. 75. Een Lepel om de tranen te vergaderen, by d'Ouden in 't gebruyk; men siet het ook verbeeld in de Konst-kamer van Ste. Genevieve pag. 26.
No. 79. Een Sift, als boven, dog sonder handvat.
TAB. XVII.
No. 80. 81. Lampen, op dewelke men siet overblijfsels van afgebroke letteren.
No. 82. Een Potje met een nauwe mond, van een raar fatsoen, met ooren.
No. 83. Een Geps van koper.
No. 84. Een wijd Offer-vat van koper.
No. 85. Een vierkante steen, verbeeldende Hercules met sijn knots.
TAB. XVI.
No. 86. Een Lamp van koper, vertoonende Arion, welke omhelst een Delphijn.
No. 87. Een Lamp van koper, welkers gedaante is een Vrouw naakt, aalmoessen versoekende in een seer wijd vat.
No. 88. Een kopere hangende Lamp met een Chameleon.
No. 89. Een ysere Scepter hier en daar verguld.
No. 90. Een Egyptische Vogel Ibis genaamt, uyt seer dun koper gemaakt.
No. 91. 92. 93. Kopere Lampen der Oude, verbeeldende of een Monster, of een Hert, of een Draak.
TAB. XIX.
No. 94. De berovinge der Sabynse Vrouwe in oud marmore steen.
No. 95. Een seer dun en ligt potje, 't welk gelooft word niet door het vier, maar door de hitte des Sons soo gedroogt.
No. 96. Een hoofd met een deksel van koper; 't word gehouden voor het hoofd van Artemisia.
No. 97. Een verguld aarde Vat, op het welke twee Wijsgeeren sitten aan een tafel, en onder den beker twisten.
No. 98. Een Roskam van koper, die de Romeynen gebruykten in de badstoven.
No. 99. Een naakt Beeld van koper, van een seer schoon jongeling, die word voor Antinous geagt.
No. 100. Een aarde Pot van verscheyde verwe.
No. 101. Een wy-quast van koper.
TAB. XX.
No. 102. 103. 104. 105. } Marmore Beelden der Romeynen gesteld op voeten.

TAB. XXI.
No. 106. 107. 108. 109. Borst-beelden van marmer verscheyde gekleed.
TAB. XXII.
No. 110. Juno met de Pauw van albaster.
No. 111. De drie Gratien, met het hayr wonderlijk gevlogten, met de ruggen tegen malkanderen staande, versien van lange rokken van Corinthis marmer.
No. 112. Jupiter van albaster, tusschen sijn voeten hebbende een arend.
TAB. XXIII.
No. 113. Hercules met sijn knots en leeuwenhuyt, van koper.
No. 114. Een Vrouwe Beeld van marmer; 't word gehouden voor een Paal-steen.
No. 115. Een schoon Vrouwe Beeld belz,

on

on conserve des animaux les plus rares des Indes Orientales.

No. 199. Un Poisson nommé *Pristis*, ou *Serra*, dont on peut voir la description plus au long dans la *Bibliotheque de Ste. Genevieve* pag. 201.

No. 200. 201. Des Crocodiles.

No. 202. Un Scorpion.

No. 203. Un Poisson qu'on appelle *la Croix*, à cause de sa figure.

No. 204. Un autre poisson.

TAB. XXXIV.

No. 205. 206. Diverses sortes de Poissons.

No. 207. Un Poisson nommé *Histrix*, ou *Orbis muricatus*; voyez la *Bibliotheque de Ste. Genevieve* p. 204.

No. 211. Un Lezard des Indes; voyez la *Bibliotheque de Ste. Genevieve* pag. 197.

TAB. XXXV.

No. 212. Un grand Crocodile; voyez la *Bibliotheque de Ste. Genev.* pag. 199.

No. 213. Un Poisson appellé *Ostracion*.

No. 214. Un Cameleon; voyez la *Bibliotheque de Ste. Genevieve* pag. 197.

No. 215. Un Poisson volant; voyez la *Biblioth. de Ste. Genevieve* pag. 205.

No. 216. Un petit animal appellé *Armadilla*; voyez la *Bibliotheque de Ste. Genevieve* pag. 191.

No. 218. Un Poisson cornu.

No. 219. Un Poisson nommé *Remora*; voyez la *Bibliotheque de Ste. Genevieve* pag. 201.

No. 220. Une Fleche, qu'on a trouvé depuis peu en creusant à Amersfort.

No. 221. Une Licorne veritable; voyez la *Biblioth. de Ste. Genev.* pag. 193.

No. 222. Un Scincus; voyez la *Bibliotheque de Ste. Genevieve* pag. 196.

TAB. XXXVI.

No. 223. Une Tortue de diverses couleurs & nettement distinctes, nommée *Taprobana* chès les Indiens; voyez la *Bibliotheque de Ste. Genevieve* pag. 198.

No. 224. La Tête d'un élephant.

No. 225. Une Fourmi volante des Indes, qu'on appelle autrement un Cerf volant; voyez la *Bibliotheque de Ste. Genevieve* pag. 187.

No. 226. Un Oiseau de Paradis; voyez la *Biblioth. de Ste. Genev.* pag. 185.

No. 227. Un grand Bec d'un oiseau inconnu.

---

riora animalia ex India Orientali.

No. 199. Piscis dictus *Pristis* seu *Serra*; vide *Bibliotheque de Ste. Genevieve* pag. 201.

No. 200. 201. Crocodili.

No. 202. Scorpio.

No. 203. Piscis, qui a cruce denominatur.

No. 204. Piscis.

TAB. XXXIV.

No. 205. 206. Varia Piscium genera.

No. 207. Piscis dictus *Orbis muricatus*, vel *Histrix*; vide *Biblioth. de Ste. Genev.* pag. 204.

No. 211. Lacerta Indica; vide *Biblioth. de Ste. Genev.* pag. 192.

TAB. XXXV.

No. 212. Crocodilus magnus; vide *Biblioth. de Ste. Genev.* pag 199.

No. 213. Piscis dictus *Ostracion*.

No. 214. Cameleon; vide *Biblioth. de Ste. Genev.* pag. 197.

No. 215. Piscis volans; vide *Biblioth. de Ste. Genev.* pag. 205.

No. 216. Tatus sive Armadillus; vide *Biblioth. de Ste. Genev.* pag. 191.

No. 218. Piscis cornutus.

No. 219. Remora; vide *Biblioth. de Ste. Genev.* pag. 201.

No. 220. Sagitta Amersfurti nuper effossa.

No. 221. Verum Unicornu; vide *Biblioth. de Ste. Genev.* pag. 193.

No. 222. Scincus; vide *Biblioth. de Ste. Genev.* pag. 196.

TAB. XXXVI.

No. 223. Testudo varii & accurate distincti coloris, *Taprobana* apud Indos vocatur; vide *Biblioth. de Ste. Genev.* pag. 198.

No. 224. Caput elephantis.

No. 225. Formica Indica volans, aliis Cervus volans; vide *Biblioth. de Ste. Genev.* pag. 187.

No. 226. Avis Paradisea; vide *Biblioth. de Ste. Genev.* pag. 185.

No. 227. Rostrum ingens cujusdam avis.

---

bewaart werden eenige raare beesten overgekomen uyt Oost-Indien.

No. 199. Een Vis genaemt *Pristis* ofte *Serra*, breder beschreven in *Bibliotheca Ste. Genoveva* pag. 201.

No. 200. 201. Crocodillen.

No. 202. Een Scorpioen.

No. 203. Een Vis genaemt, na 'r geen hy verbeeld, een Kruys-vis.

No. 204. Een ander Vis.

TAB. XXXIV.

No. 205. 206. Verscheyde slag van Vissen.

No. 207. Een Zee-yser-Varken; siet in 't gemelde Boek van de *Biblioth. van Ste. Genevieve* pag. 204.

No. 211. Een Indiaanse Echdisse, de Franse noemen het *un Lezard du Bresil*; siet *Biblioth. de Ste. Genev.* pag. 192.

TAB. XXXV.

No. 212. Een groote Crocodil; siet *Biblioth. de Ste. Genev.* pag. 199.

No. 213. Een Vis genaemt *Ostracion*.

No. 214. Een Cameleon; siet *Biblioth. de Ste. Genevieve* pag. 197.

No. 215. Een vliegende Vis; siet *Biblioth. de Ste. Genevieve* pag. 205.

No. 216. Een beesje *Armadillus* genaemt; siet *Biblioth. de Ste. Genevieve* pag. 191.

No. 218. Een gehoornde Vis.

No. 219. *Remora* is dese Vis geheeten; siet *Biblioth. de Ste. Genev.* p. 201.

No. 220. Is een Pijl gevonden in de Wal van Amersfoort onder veele, die geheel vergaan waren.

No. 221. Een waaragtige Eenhoorn; siet *Biblioth. de Ste. Genev.* pag. 193.

No. 222. Scincus; siet *Biblioth. de Ste. Genevieve* pag. 196.

TAB. XXXVI.

No. 223. Is een Schilpad van verscheyde en net onderscheyde coleur, d'Indianen noemense *Taprobana*; siet *Biblioth. de Ste. Genevieve* pag. 198.

No. 224. 't Hoofd van een oliphant.

No. 225. Een Indiaanse Mier vliegende, andere houden het voor een vliegend Hart; siet *Biblioth. de Ste. Genevieve* pag. 187.

No. 226. Een Paradijs-vogel beschreven in *Biblioth. de Ste. Genevieve* pag. 185.

No. 227. Een seer grooten Bec van een onbekende vogel.

FIN.

NICOLAUS CHEVALIER
R. de Hooge fec.

inven. extrux. otn
NICOLAUS CHEVALIER
Olympiad. DCXVII. ann.
ab. urb. Cond. MCCCLXXXII
Sal. MDCXCI.
R. du Hooge. fec.

SUAVIS ODOR
REFICIT

DAT FLORENS
FRUCTUS

Gravé
Par le Fameux
Romain de Hooge

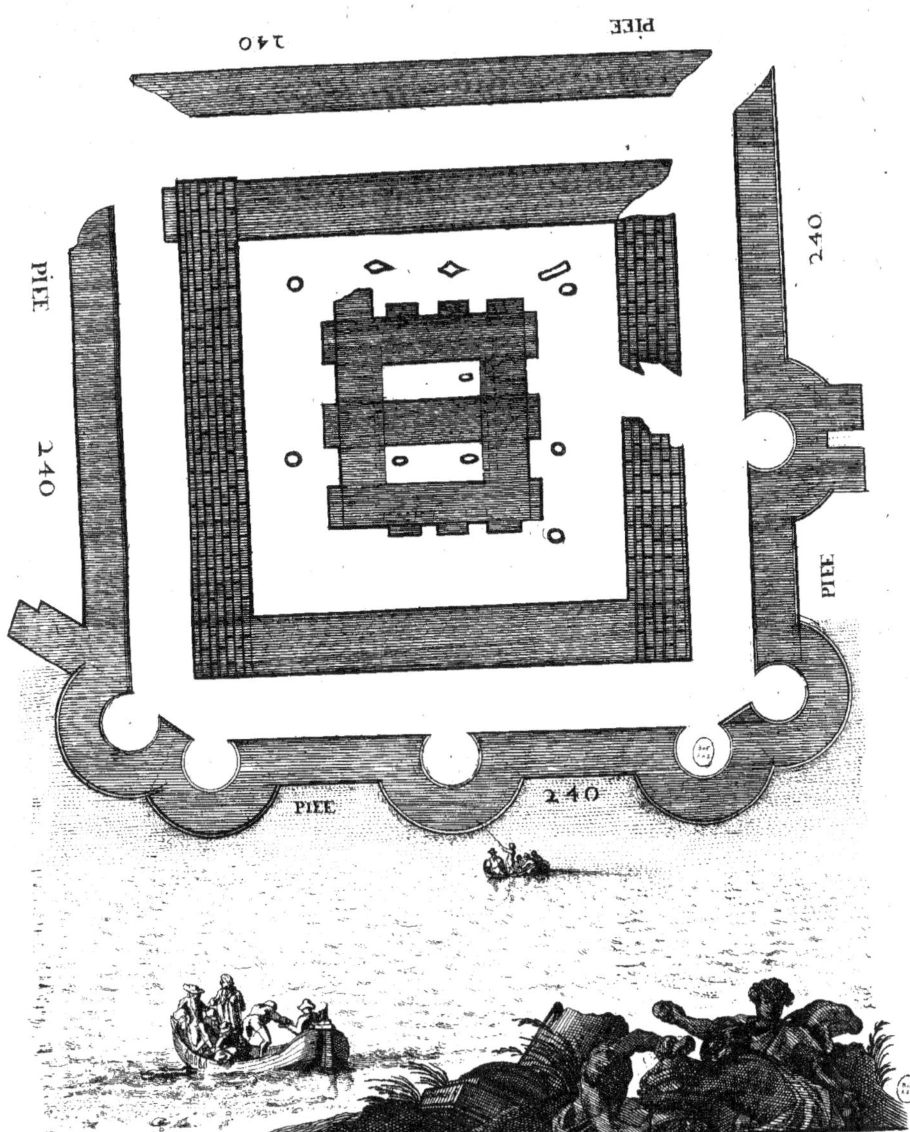
PIEE
240
PIEE
240
PIEE
240
PIEE
240
5

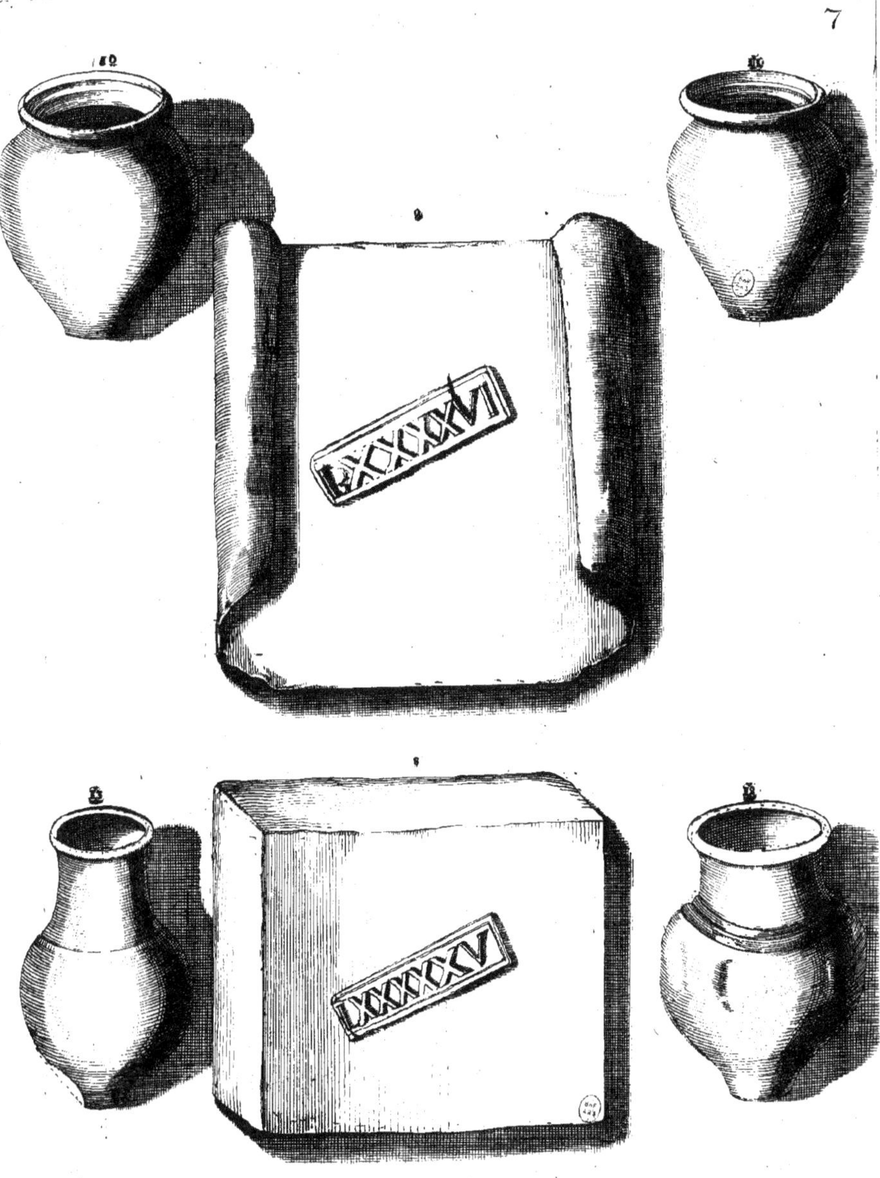
LXXXXVI
XXXXXV

CC. PE.

EX. GER. INF.

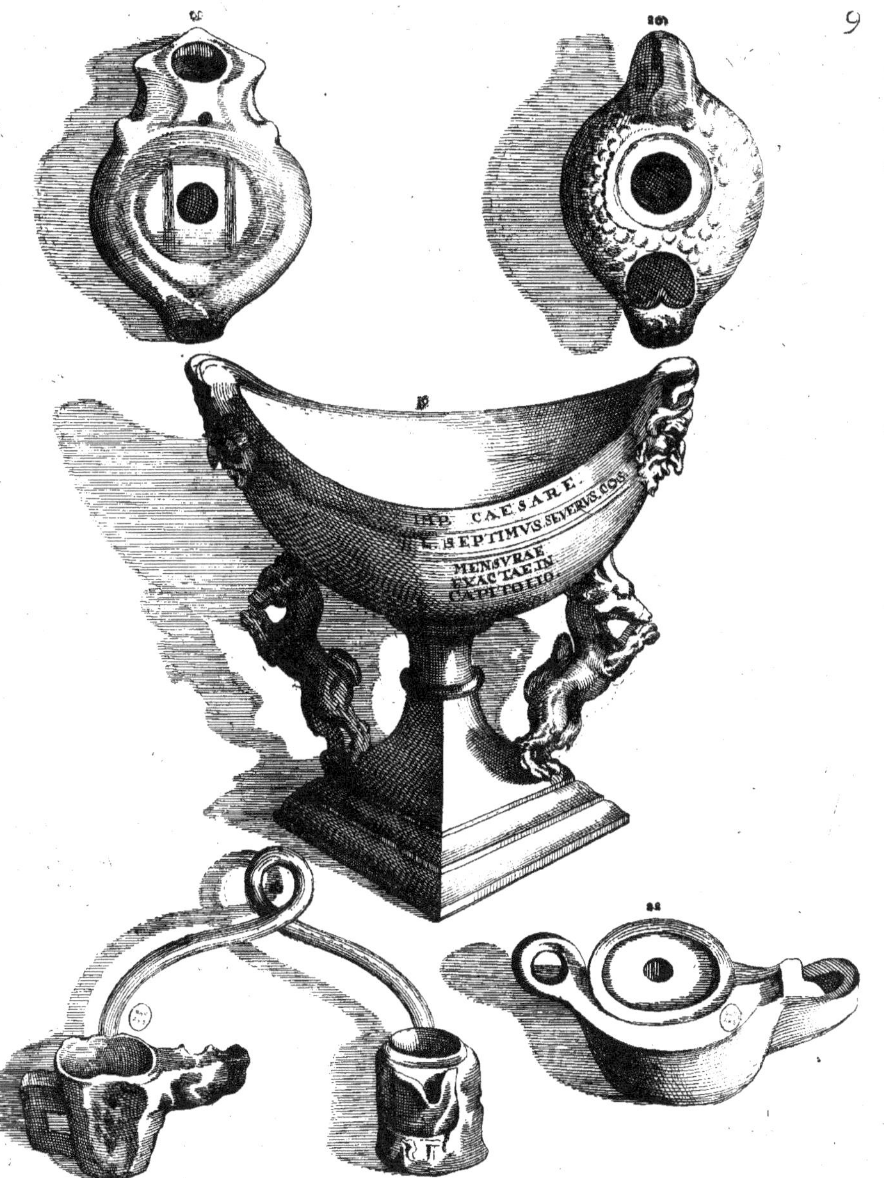
IMP. CAESARE.
L. SEPTIMVS. SEVERVS. COS.
MENSVRAE
EXACTAE IN
CAPITOLIO.

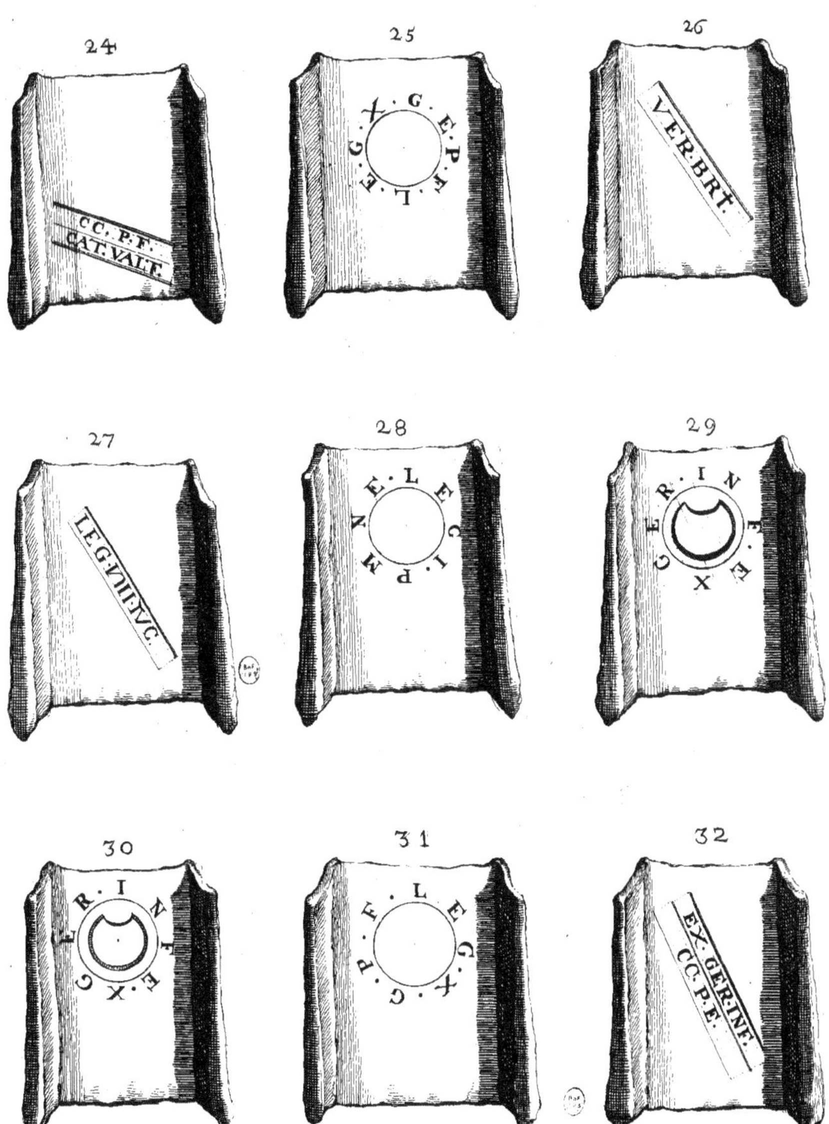
24
25
26
CC. P.F.
CAT. VALE.
V.ER.BRT.
27
28
29
LEG.IIII.VC.
LEG. IIII. VC.
30
31
32
EX. GER. INF.
CC. P. E.

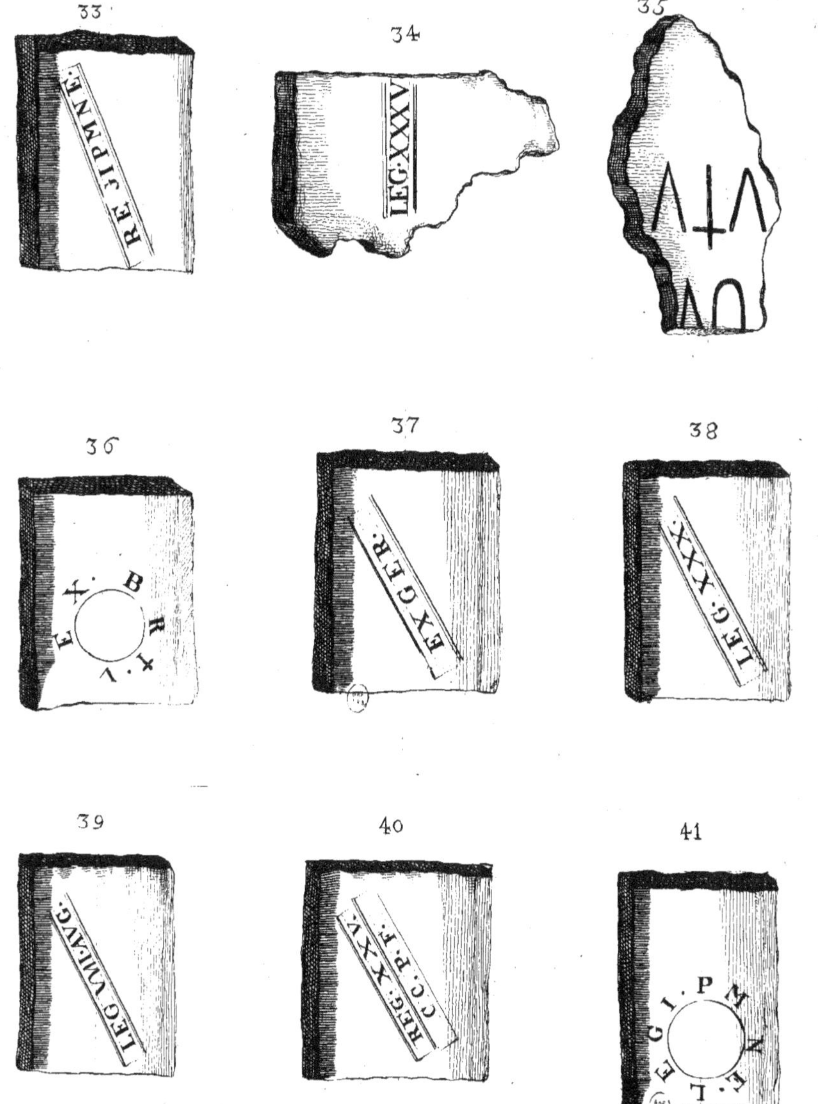
33
34
35
36
37
38
39
40
41

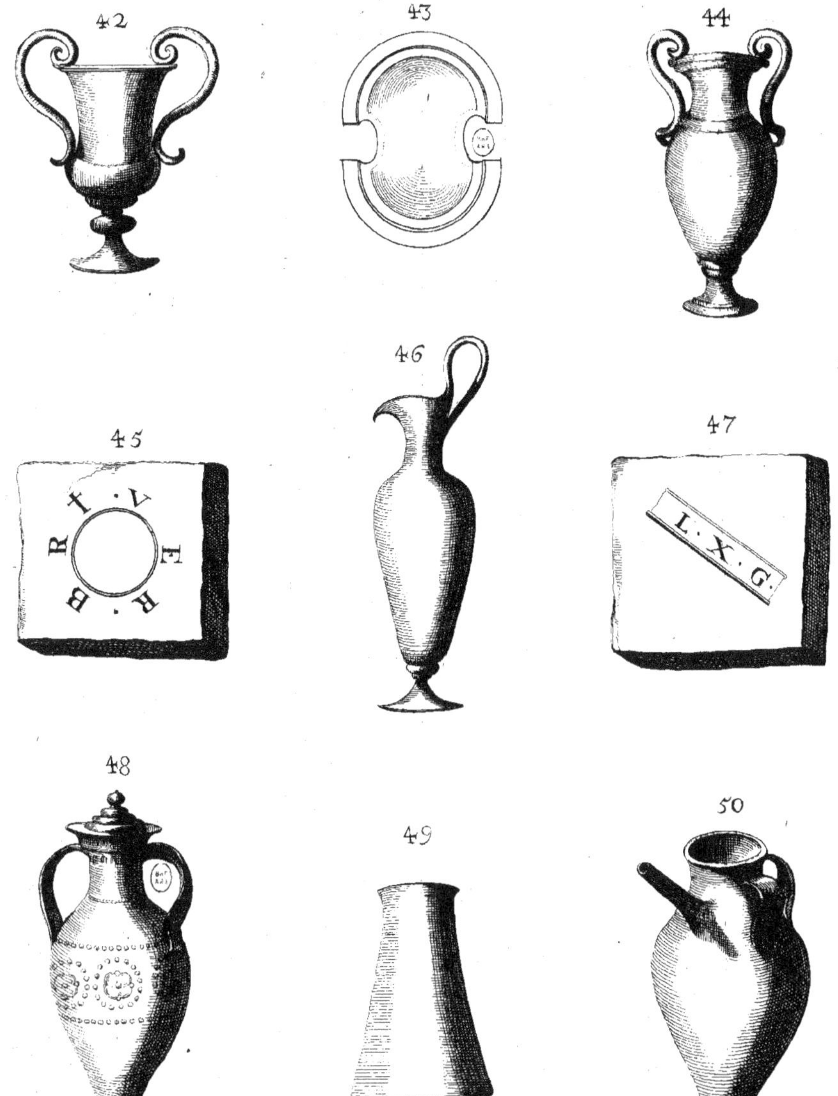
42
43
44
45
46
47
B R I · V · E · R
L · X · G.
48
49
50

51
52
53
54
55
56
IANV.
IOVI.
IVNONI.
MINERVAE
Q·V·G·M·S
L   M
57
58
59

65 66 67 68 69 70 71

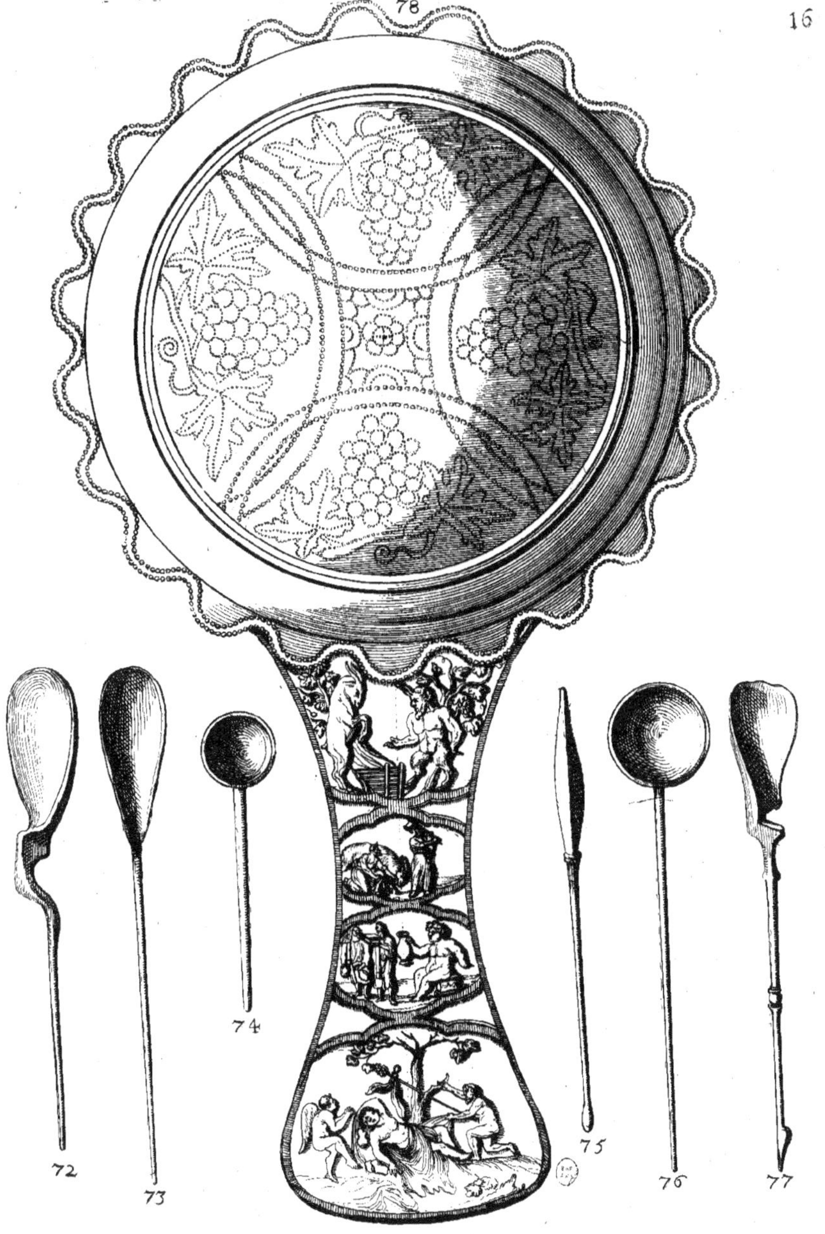
78
72
73
74
75
76
77

80
82
81
17
79
83
84
85

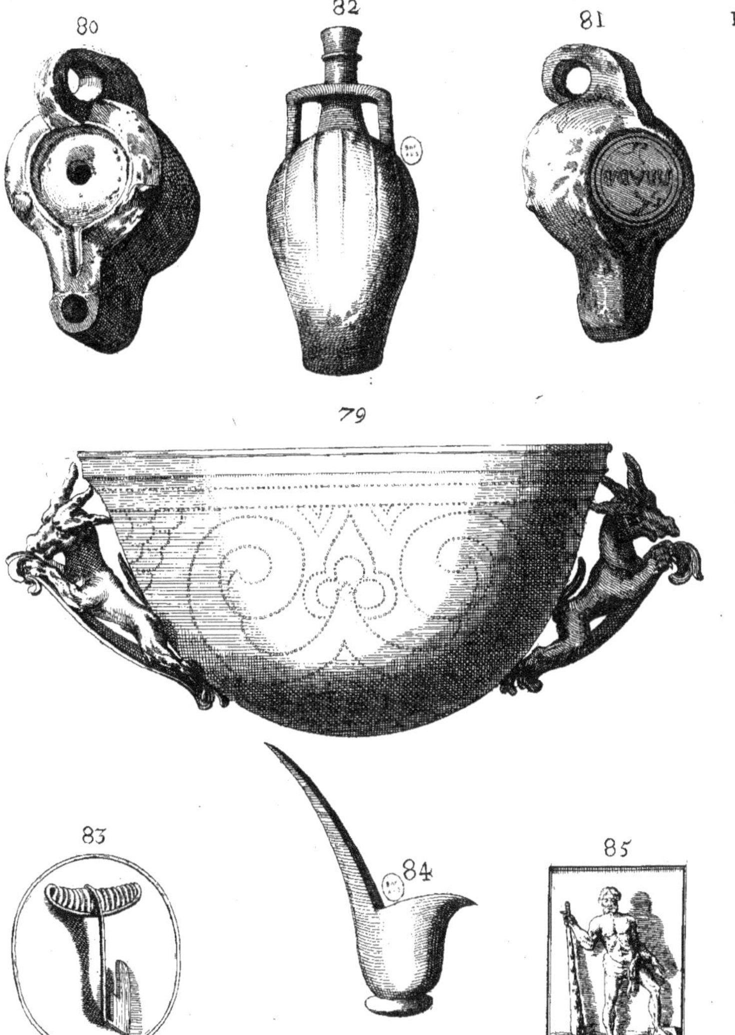

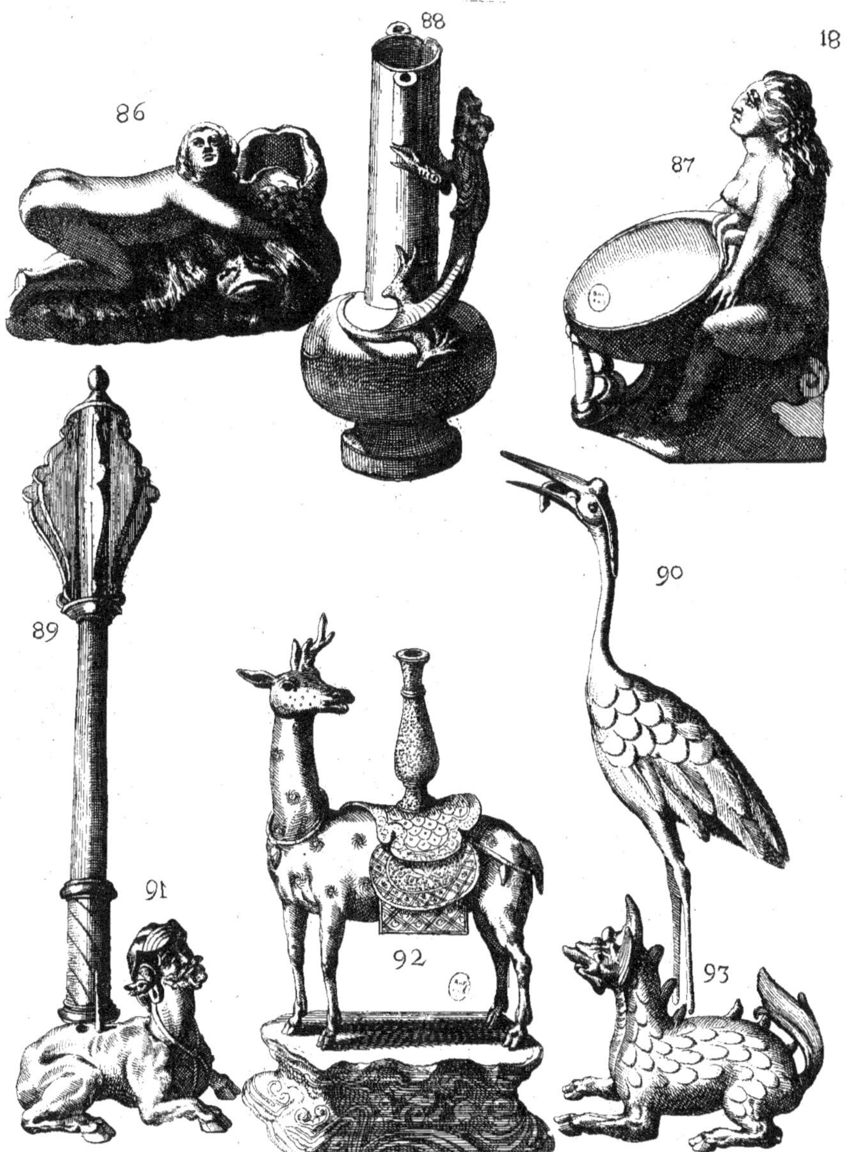
86
87
88
81
89
16
90
92
93

19
94
95
96
97
98
99
100
101

102

103

104

105

106

107

108

109

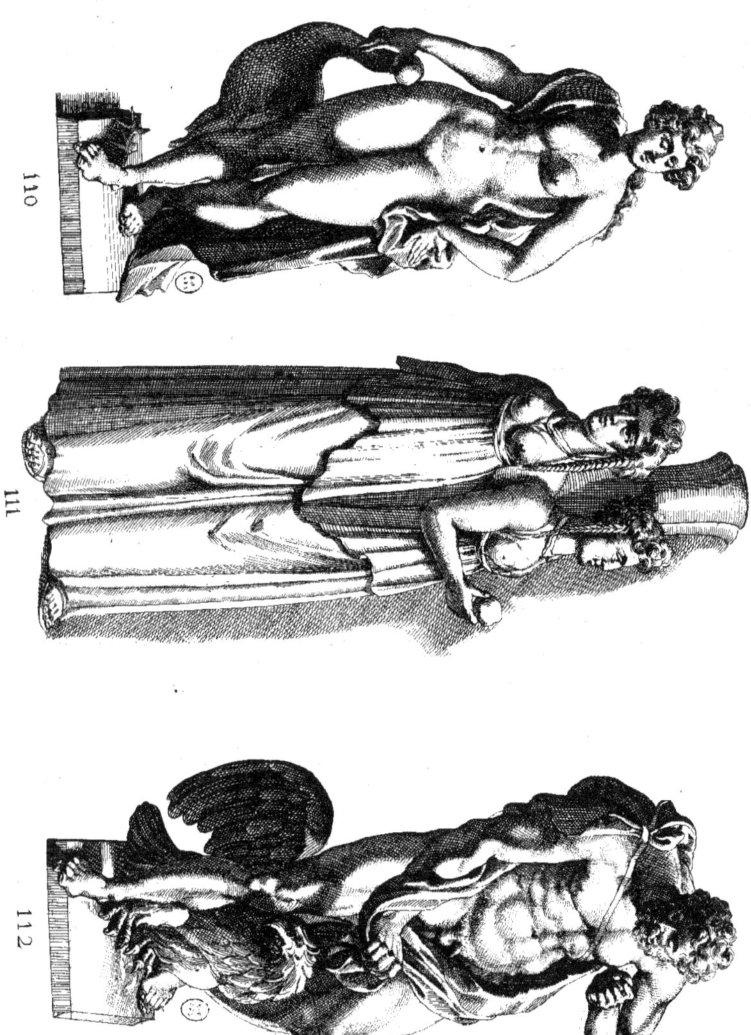
110
111
112

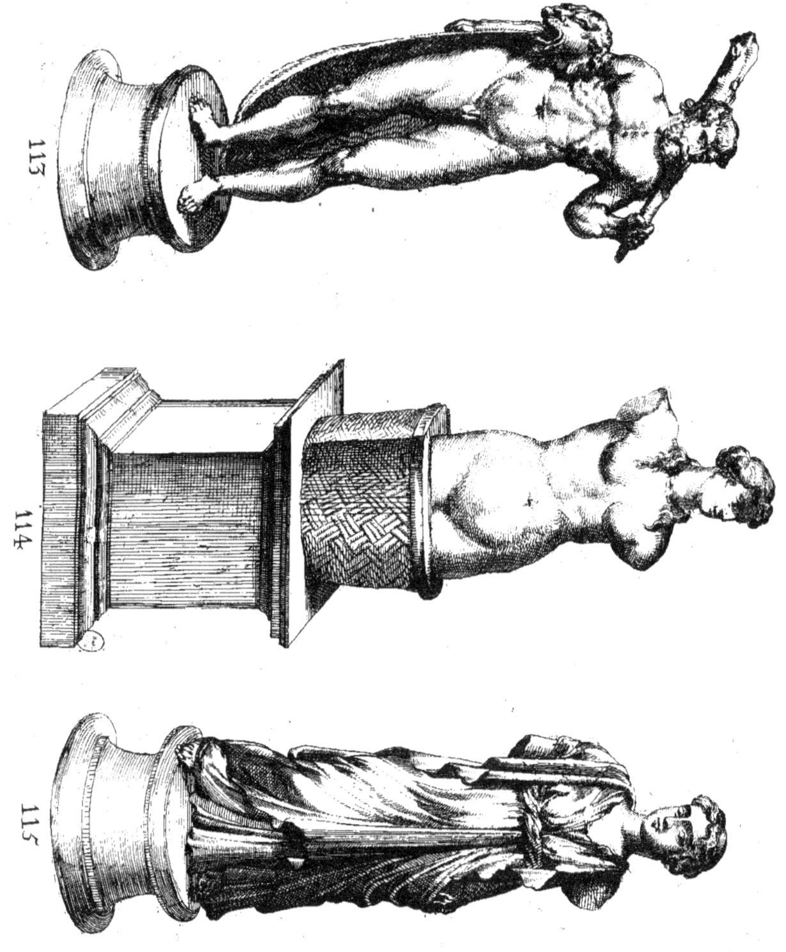
113
114
115

116

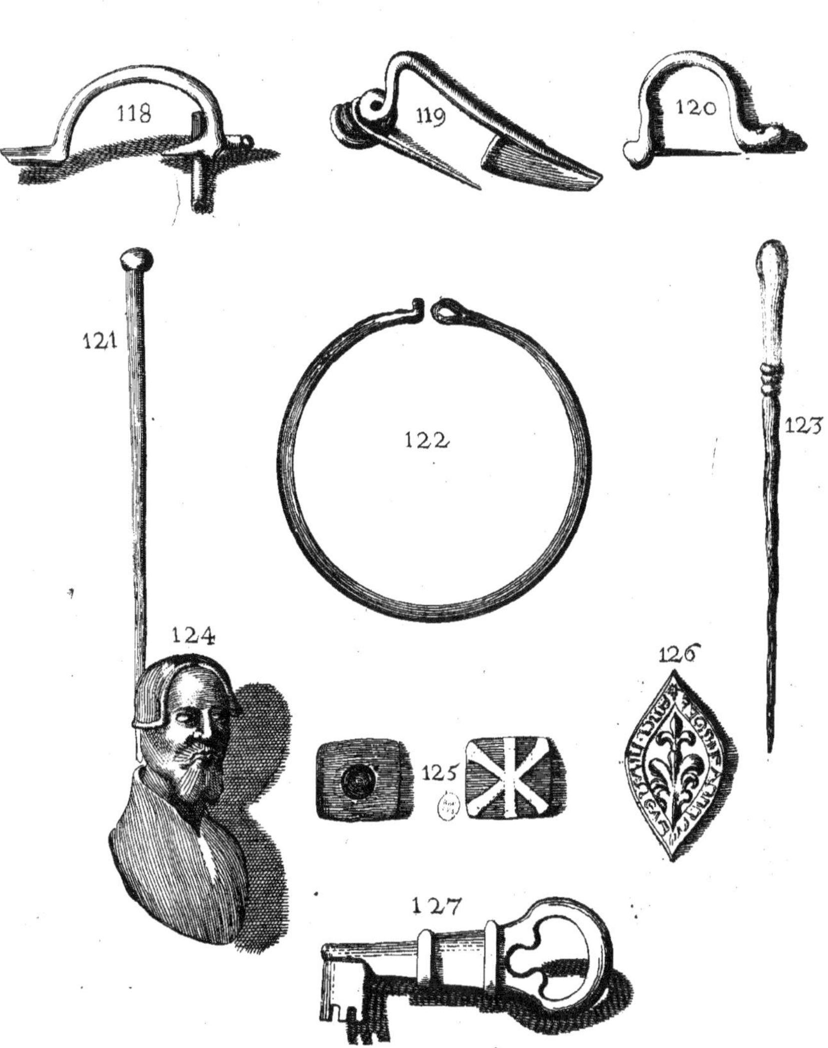
117
118
119
120
121
122
123
124
125
126
127

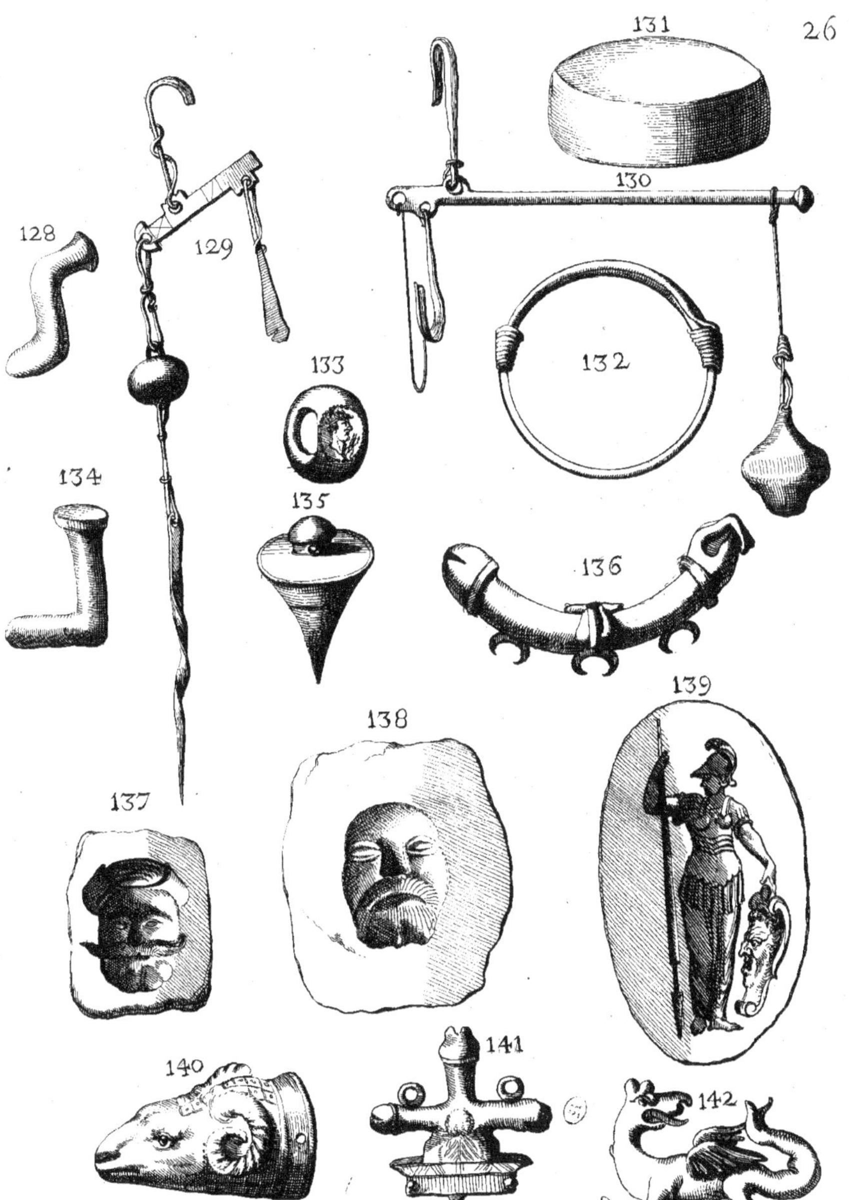
26
128
129
130
131
132
133
134
135
136
137
138
139
140
141
142

143

143

145

146

147

148

149

150

151

152

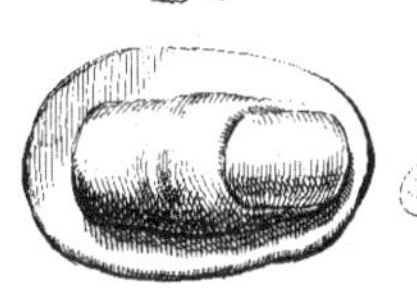

153

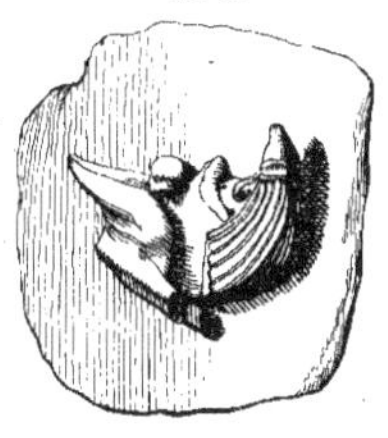

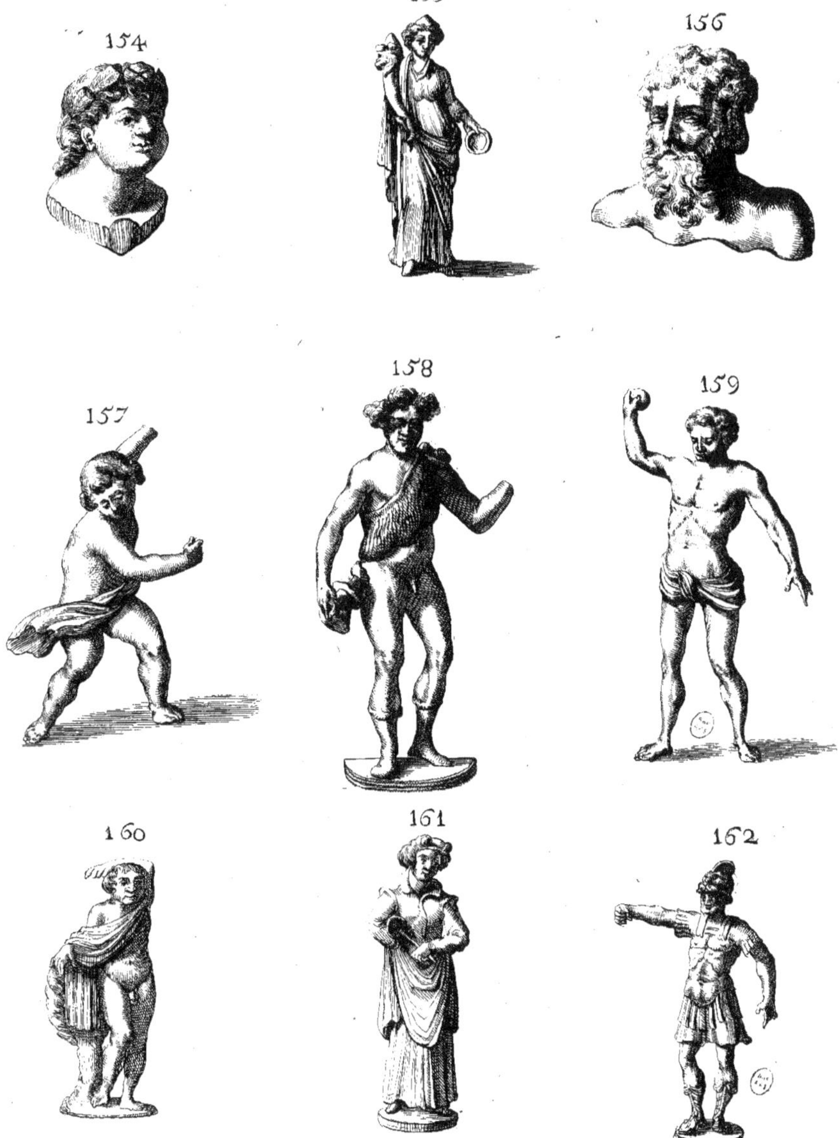
154
155
156
157
158
159
160
161
162

169

163

29

164

165

166

YASPIS.

167

168

JASPIS

170
171
172
30
CORNALINE
IASPE
CORNALINE
173
174
175
CORNALINE
IASPE
SARDONIQUE,
176
177
178
YACINTHE
CORNALINE
SARDONIQUE,
179
180
181
AGATE
CORNALINE
SARDONIQVE
182
183
184
AGATE
CORNALINE
AGATE
185
186
187
CORNALINE
CORNALINE
YACINTHE

188
189
190
191
193
192
194
195

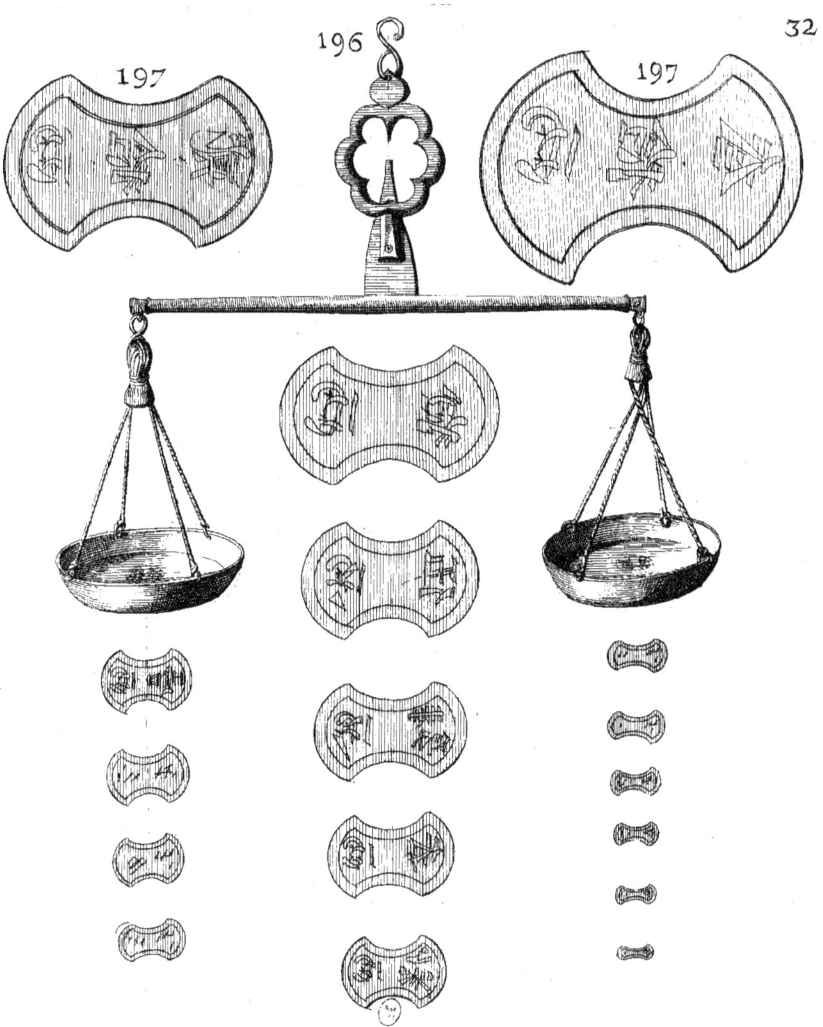
197
196
32
197
198

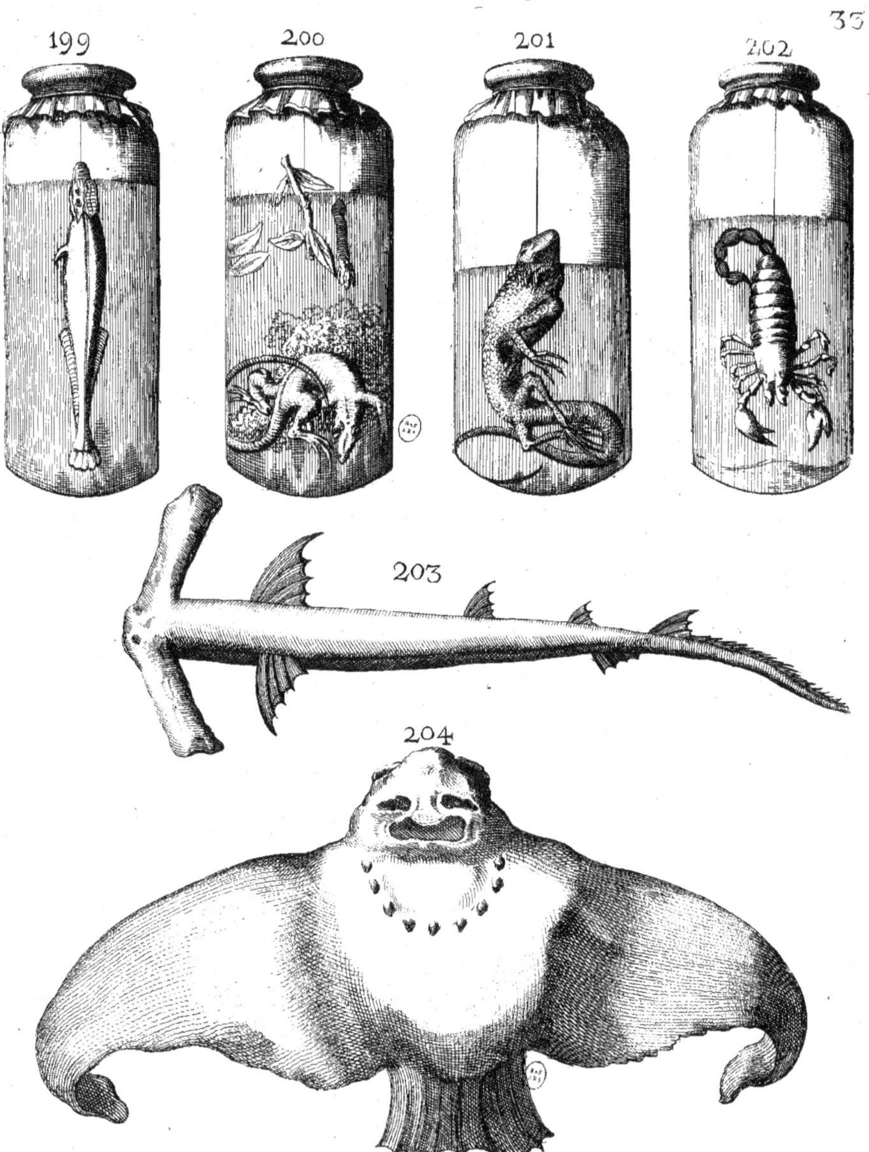
199
200
201
202
203
204

205

206

207

208

209

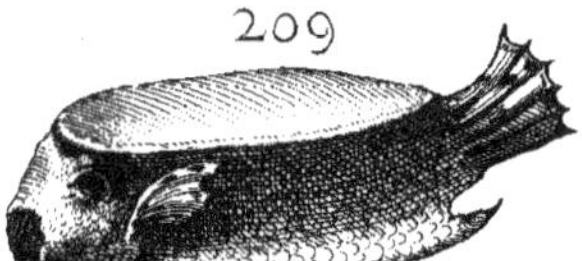

210

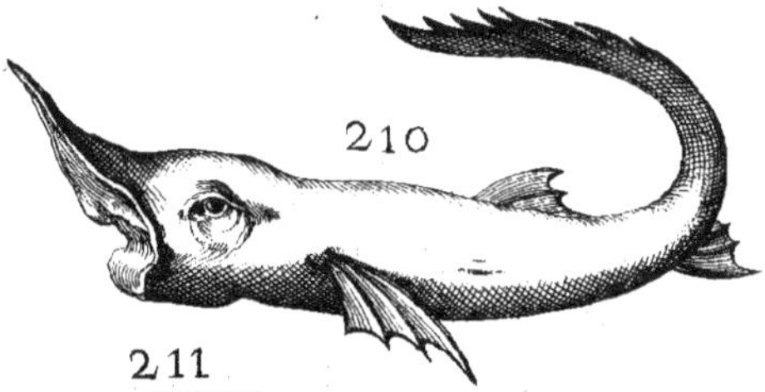

211

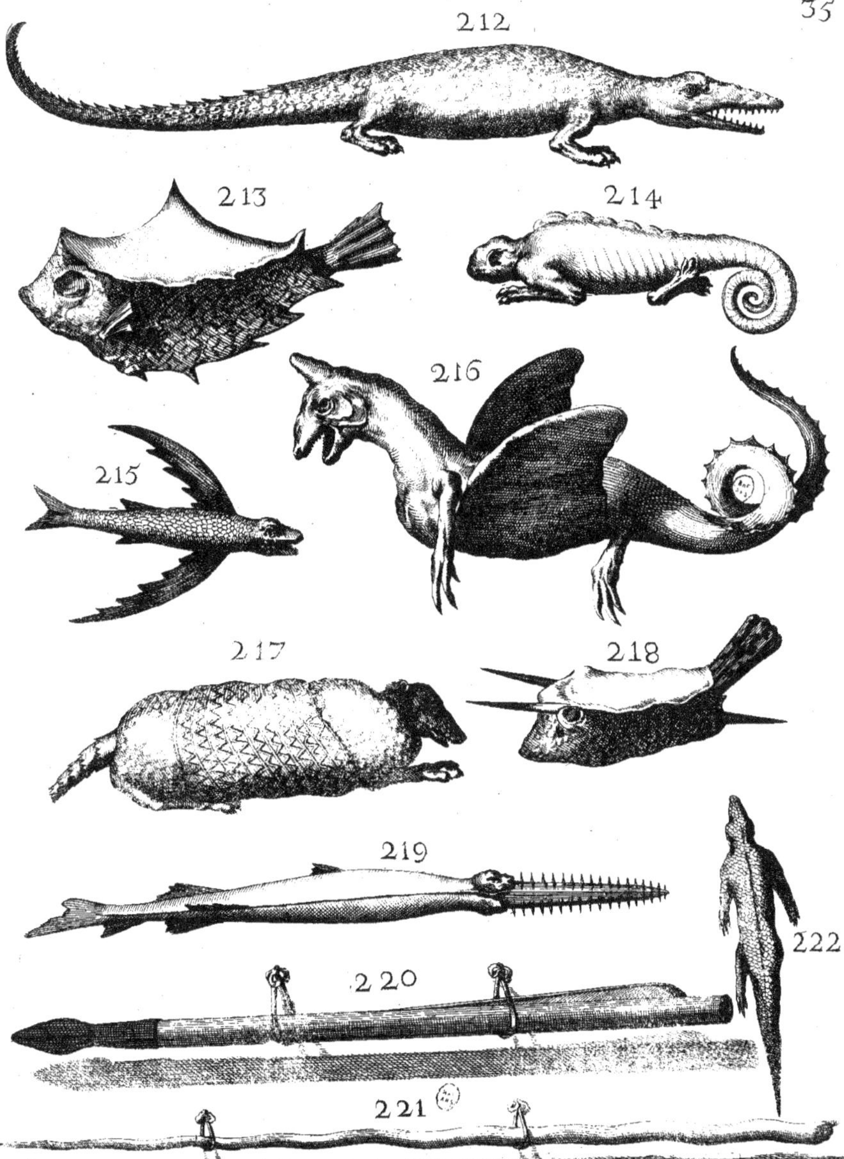

223

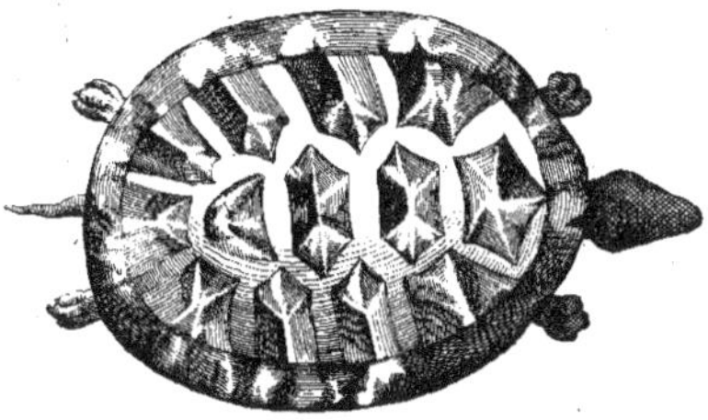

224

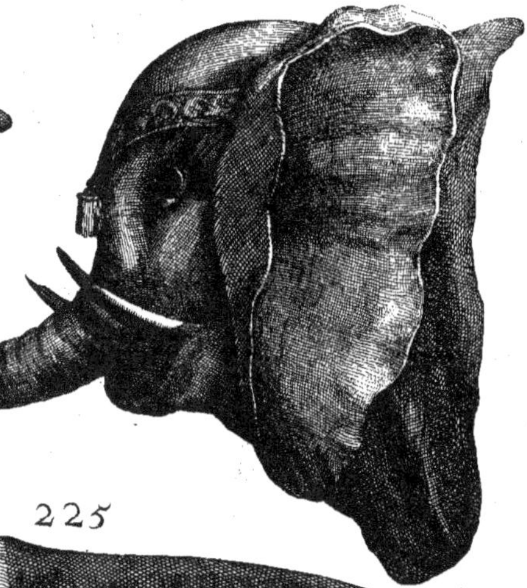

225

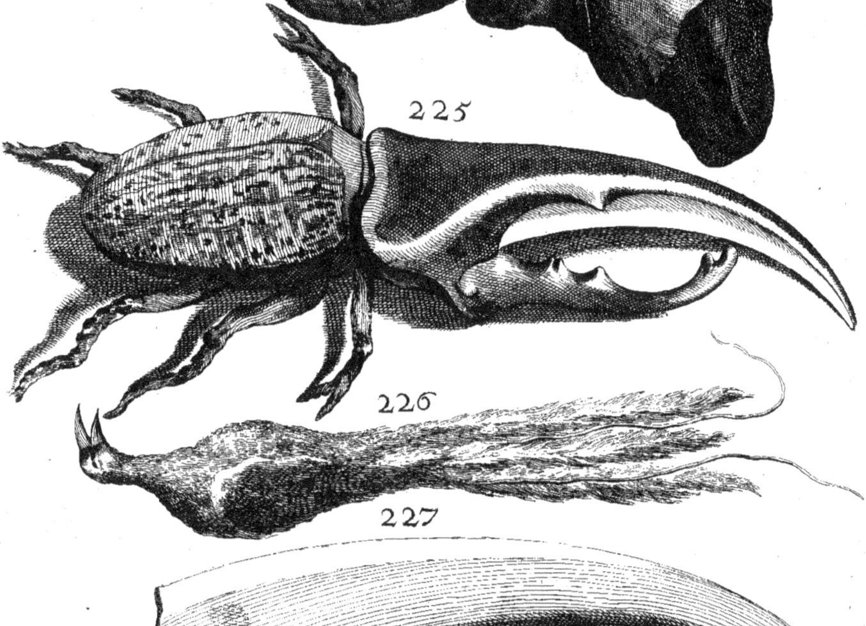

226

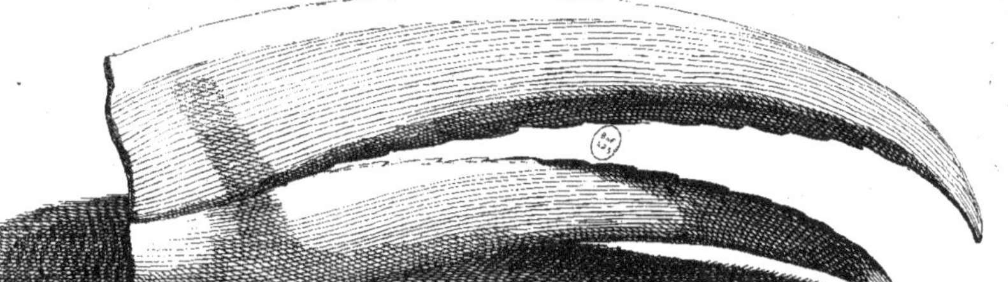

227

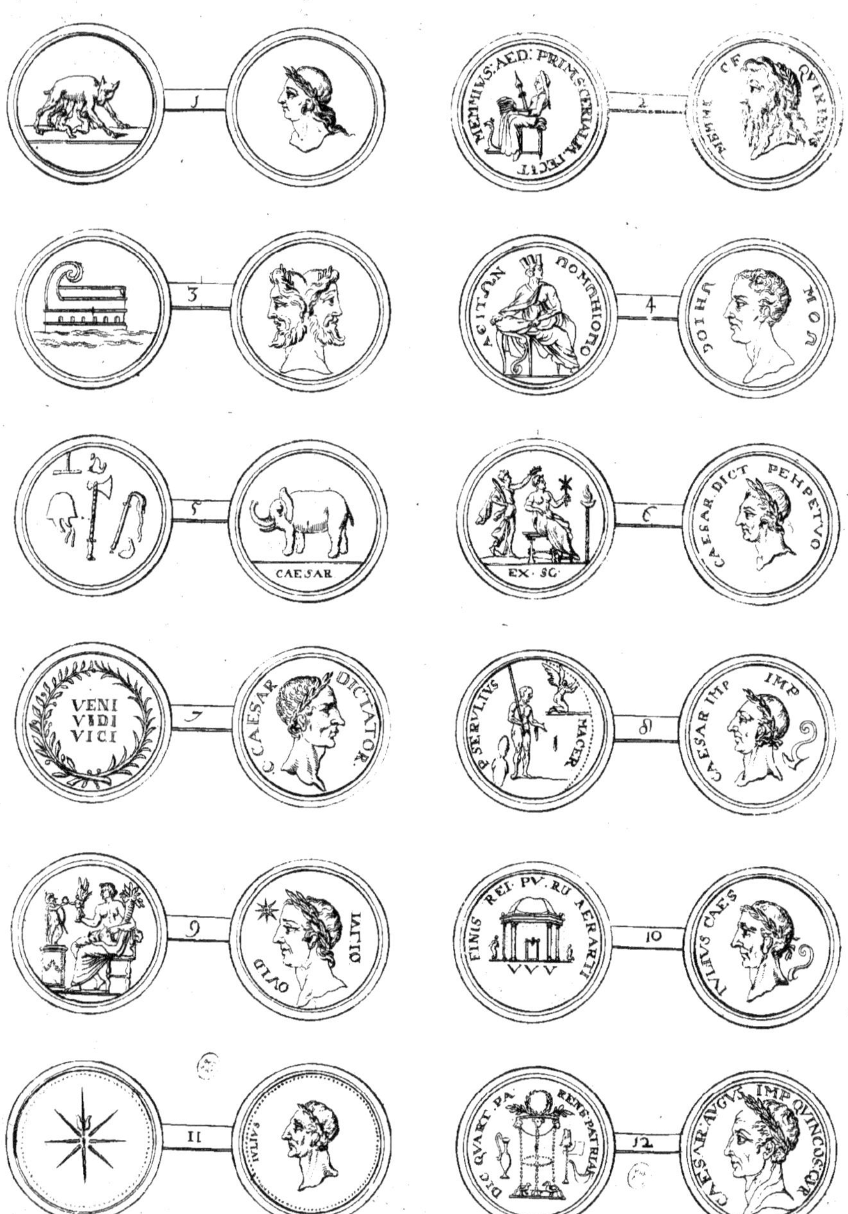

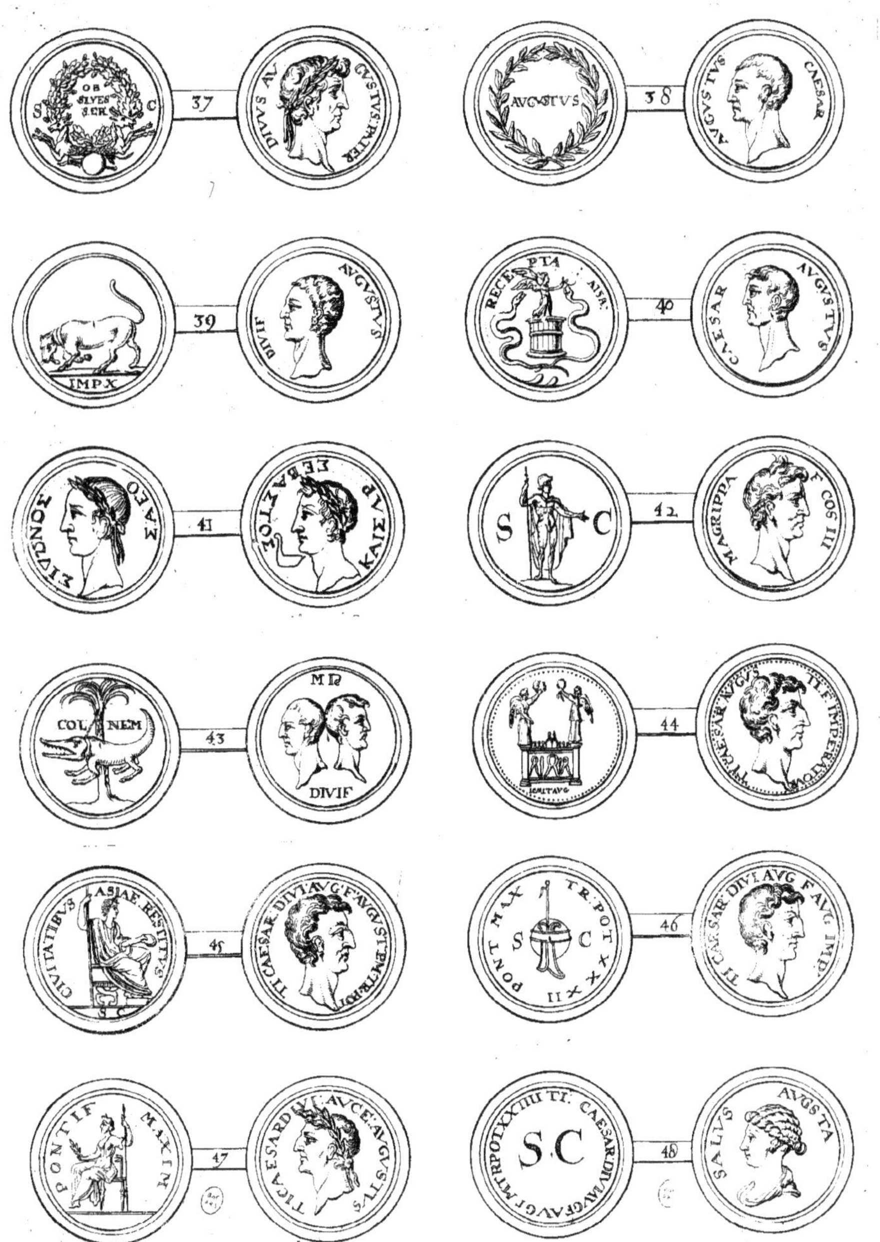

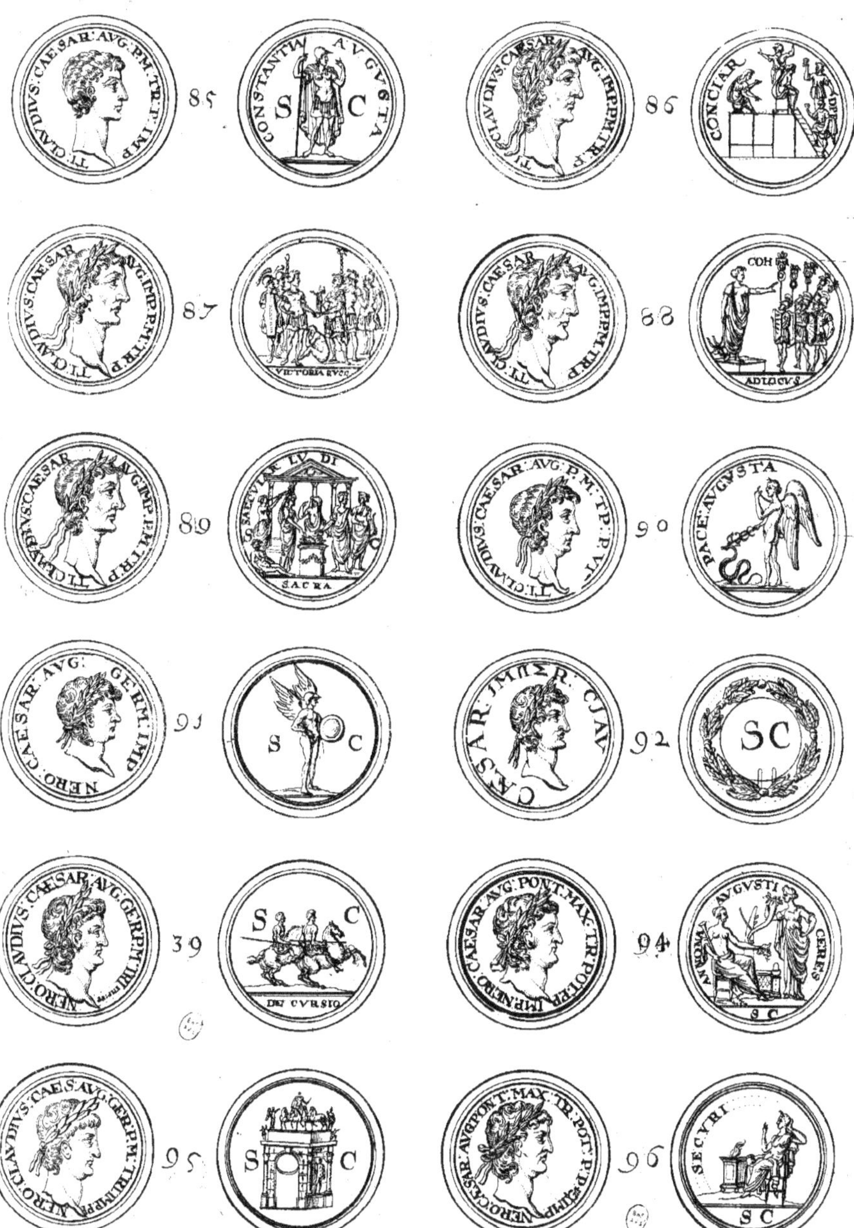

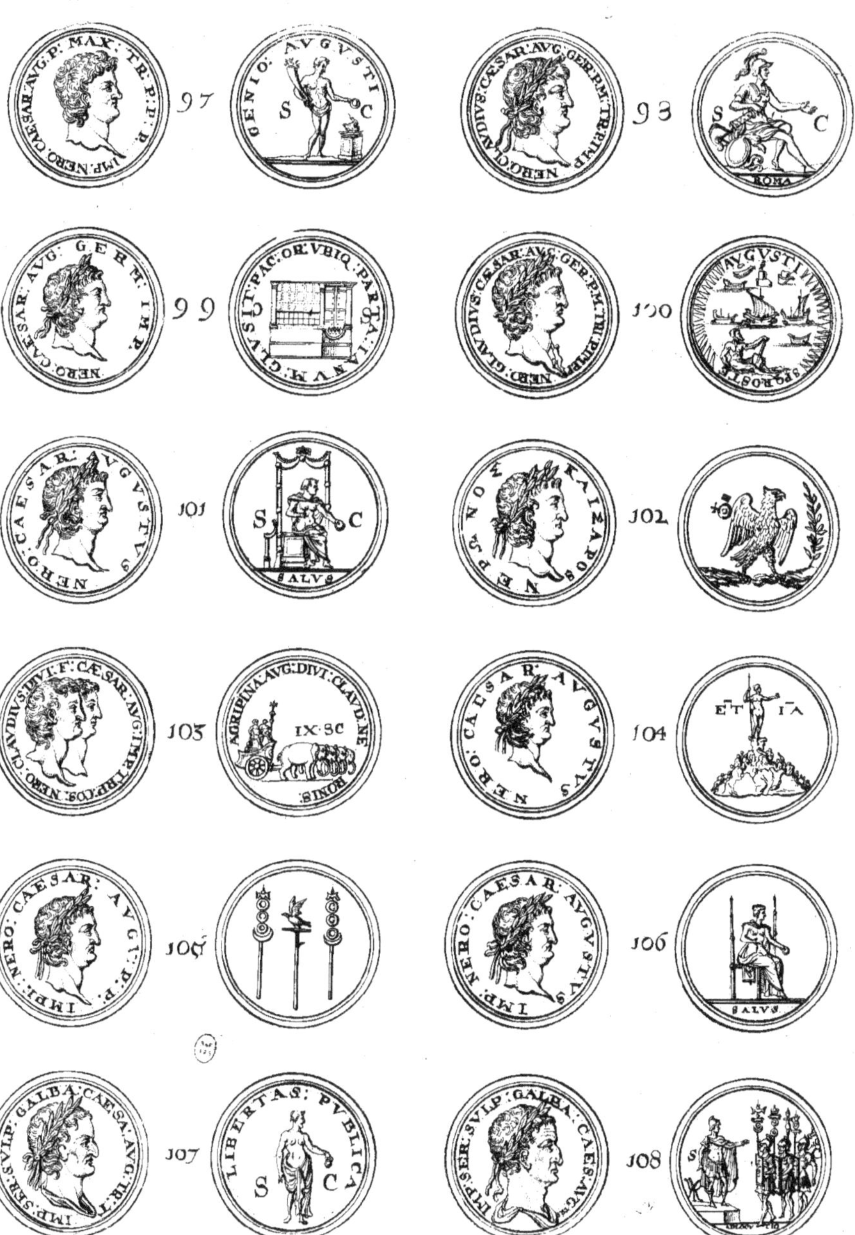

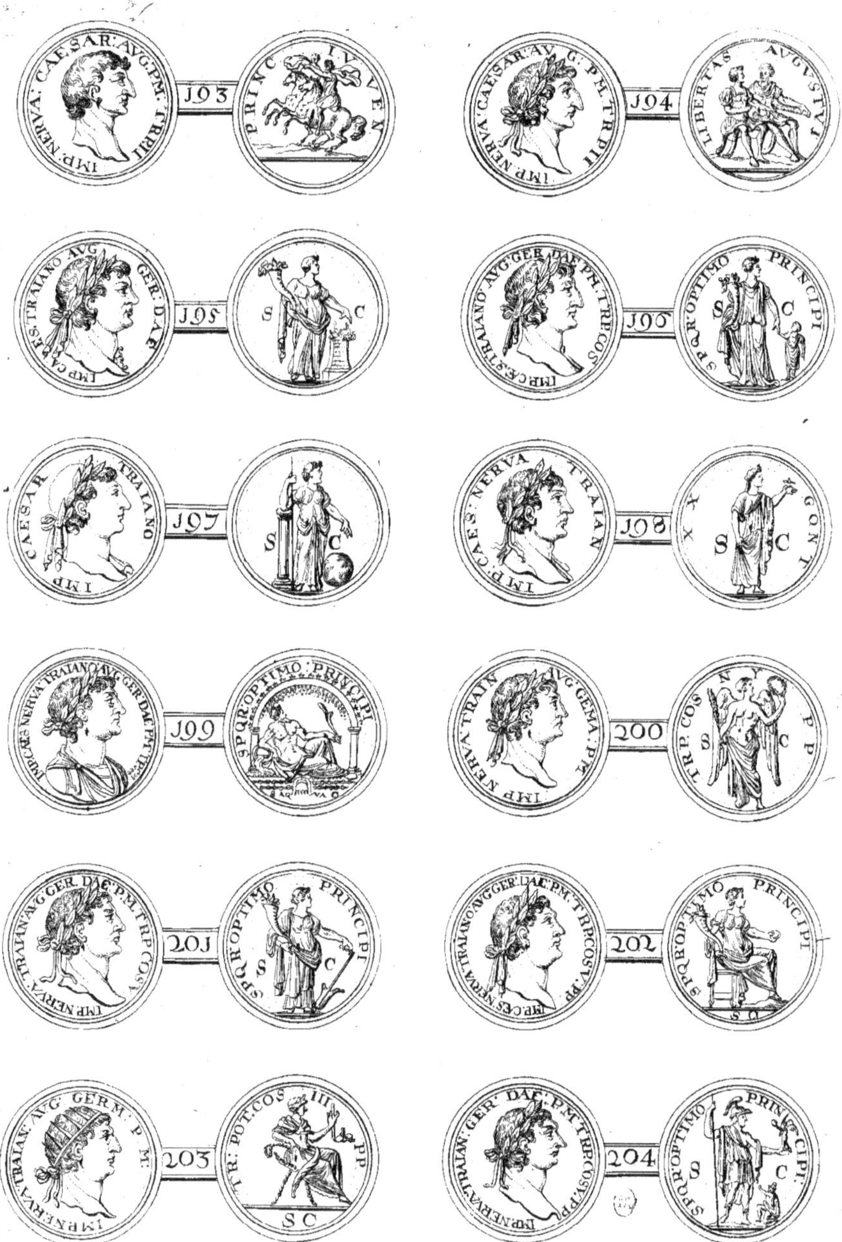

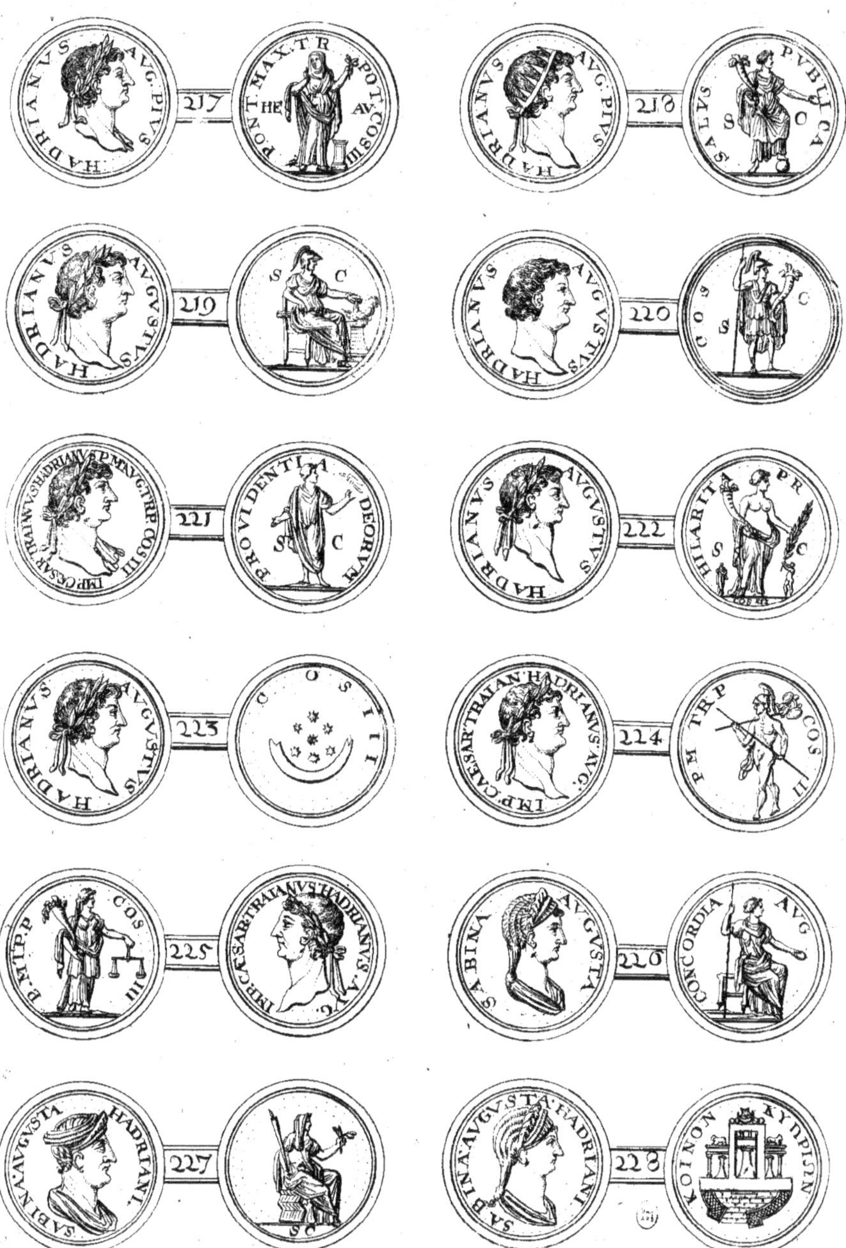

9 782329 776897